History Chinese Culture
the Chinese Kilneye Series

中华文脉｜中国窑口系列丛书

莱昌窑

● 主编／远 宏 ●

● 编著／薛小军

副主编／邹晓松

黑龙江美术出版社
Heilongjiang Fine Arts Publishing House

中華文脈

二〇一二年四月海右美林題

序

中国陶瓷艺术历史悠久、成果璀璨，是中华民族物质文明与生存智慧的结晶，体现了关于"道"与"器"的哲学概念和传统造物观，至今仍作用于人们的生产和生活。从今天的视角来看，泥之为器的过程，显然是一个设计的过程，即使在选料、制坯、烧制的过程中，也须依据工匠的愿望不断作出"规划"，使制作对象符合实用和观赏的诉求，可以被看作是人类造物史上的"文化化石"，蕴含着前人赖以生存的多元信息。正如费孝通先生所讲："只有直接有赖于泥土的生活才会像植物一般在一个地方生下根。"

中华大地可谓窑口林立，除五大名窑以外，知名窑系有上百处之多，民间窑口更不计其数。不同历史时期的窑口各具特色，同一地区不同时期有不同窑口，同一窑口又在不同时期名称不同。亦可细分为官窑、民窑、官督民烧等窑口，而民窑又可分山头、作坊窑口。所以说，一个窑即有一个口，即称为"窑口"。

"窑口"是一个带有历史意味的阶段性描述，包含着丰富的文化信息，不仅仅作为地域分布的方位指向，它还指生产制度、组织方式和技术意识形态，从这个角度讲，是一个陶瓷生产领域的"文化地理学"命题。窑口研究的探索，应在注重其造型与装饰功能的基础上，更深涉及器物形制、工艺特征、风格演进、分工制度、贸易传播以及窑口间的相互影响等内容，有益于传统陶瓷工艺的厘清和恢复，以及器物及相关考古门类的断代与科技史研究。换言之，对陶瓷领域的研究从器物层跃迁至制度层，甚至观念层，有助于提供全球化背景下"地方性知识"重塑，对当下增强文化主体意识，保持地方独特性，维护地域文化的和谐共生产生深刻的意义。

由于陶瓷在大多历史阶段具有赏用结合的特征，是各地区生活形态和审美倾向的集中体现，尤其是民窑窑口。马林诺夫斯基曾说："人因为要生活，永远地在改变他的四周。在所有和外界重要接触的交点上，他创造器具，构成一个人工的环境。"而窑口则是这种人工环境的起点，它作用于"院子、市场和市镇广场"，也必然被其所从属的社会性所制约，对其张力互动的考察也必将拓展陶瓷文化研究的视野。

《中国窑口》系列丛书意在以新的角度梳理中国陶瓷艺术的发端、演变与传承。不仅局限于陶瓷艺术历史源流、艺术风格、工艺技术、考古、鉴定、收藏等方面的总结，更是以历史文献、实物遗存为依据，从窑口的视角，采取实证分析与传承性实践相结合的方式，以窑口发端的社会、人文、习俗、制度为脉络，系统梳理了不同地域特色所形成的材料、工艺、成型、胎釉、烧成、造型、装饰等特征，以及经济、贸易与文化形态所形成的地域文化标志，并着重强调了窑口产品与产地的关系，基本涵盖了陶瓷艺术发展历史与传承的全貌。

本系列丛书除在选择我国著名窑口作为研究对象外，同时还选择了一些不同地域、各具地方特色、不为人甚知的地方窑口，对这些窑口在各历史时期所起的作用的关注，显然对完善中国陶瓷史以及人类文化遗产的整理和发掘都是有益的补充。该系列丛书的编撰出版，将对中国陶瓷史研究的完善，推动中国当代陶瓷艺术的发展具有重要的理论价值与现实意义。

是为序。

何 洁

清华大学美术学院 教授 博士生导师

2016 年 12 月 1 日于清华园

目　录

前　言

不可分，或者说就是当地优质的陶土资源、优良的自然环境、丰厚的人文环境孕育、支撑起来的。荣昌境内沿着鸦屿山脉，有一条长约 25 千米，宽 2.5~4.5 千米的优质陶土矿带，总储量 1 亿吨以上。同时，鸦屿山脉一线丰富的煤炭和良好的植被等矿产、自然资源，为制陶业发展提供了不可或缺的先天条件。更重要的是，古代巴人后裔的勤劳勇敢、自强不息、乐于创新的精神，为制陶业发展注入了取之不尽、用之不竭的源泉。另外，四川历史上的几次大移民，包括秦代、西晋末年、北宋初年、元末明初、清初等五个时期，也或多或少地影响了荣昌窑的发展，尤其是清初"湖广填四川"移民，对近现代荣昌陶器的发展产生了巨大影响。

陶器生产，有官窑和民窑之分。荣昌陶器生产属于民窑，遵循"民窑不入典"之规律，荣昌窑在历史上鲜为出现在官方资料中。但是，这并不是说荣昌陶器就不受官方欢迎。早在宋代，荣昌窑生产大量黑陶和釉陶，从而与中原一带的"五大名窑"相互呼应，成为西南内部腹地的"民窑典范"。民国时期，主政四川的大军阀刘湘十分喜爱荣昌陶器，他经常挂在嘴边的一句话是："我有荣昌烧酒坊的泥精茶壶，有白猪儿和名贵药材，不靠科学也能发展，闭关也可以自守。"这句话虽然显得愚昧，但很好地证明了他对于荣昌陶器的喜爱。他还于 20 世纪 30 年代在安富古镇上建立"陶业试验场"，专门研制陶器新品，以"与宜兴陶媲美"。1949 年以后，荣昌陶有幸参加在北京举办的民间工艺美术品展销会，受到专家和中外游客喜爱，被评为中国四大名陶之一，与江苏宜兴紫砂陶、广西钦州陶、云南建水陶齐名。荣昌（安富）也同时与江苏宜兴、广东佛山石湾一起，被评为中国三大陶都。从 20 世纪 50 年代开始，荣昌陶器开始为越来越多的人认识，曾多次代表中国著名工艺美术品赴日本、智利、巴西等国家和地区展出，并大量出口欧洲、非洲、拉丁美洲、东亚等地，还曾作为国礼馈赠外国政要和友人。周恩来总理在评论陶器制作时曾说："泥土加煤炭创外汇，应该发展。"新中国成立后，"荣昌陶器"作为单独词条，入选上海辞书出版社出版的《辞海》。

《周礼·冬官考工记》有云："天有时，地有气，材有美，工有巧，合此四者，然后可以为良……"荣昌陶器是土与火的结晶，更是心与手如孪生姐妹翩翩起舞的艺术品。传统的陶器制作，至少有晒泥、碾泥、淘浆、拉坯、刻花、烧制等20多道工序，其中最重要的工序就是拉坯造型和烧制。手工艺人首先要胸有成竹，心里对即将制作的陶器有完整的形象。然后，通过灵巧的双手来造型，把心中抽象的陶器转化为具象的作品。烧窑的火候也非常重要，经验丰富的技师往往能烧制出意料不到的精品、孤品、绝品。可以说，荣昌陶器既秉承了华夏遗风，可登大雅之堂，又兼具百般妙用，可入寻常人家。有人如此称赞："尘世俗物，心导之，手舞之，入浴火，获重生，乃成天下之宝器。"

荣昌陶器既可以是日用品，也可以是工艺品，很多作品具有多重功能，拥有较高的艺术价值、科学价值和收藏价值。人们用"红如枣，薄如纸，声如磬，亮如镜"来对荣昌陶的艺术特性进行诠释。这种诠释让人仿佛置身于变幻多彩、声色俱全的陶器世界里。当然，荣昌陶器的艺术价值还有另外一种解释，即：具有造型之美、雕刻之美、烧制之美、釉色之美。这"四美"实际上是系统地表述了荣昌陶器的技艺精湛、鬼斧神工、色彩缤纷、巧夺天工。正是基于此，荣昌陶器越来越多地受到世人的关注和喜爱，进入21世纪以来，荣昌陶

第一章

荣昌窑的创烧与发展演变

陶器的发明，是人类社会发展史上划时代的标志。这是人类最早通过化学变化，将一种物质改变成另一种物质的创造性活动。在原始社会的漫长发展过程中，人类从采集、渔猎过渡到以农业为基础的经济生活，在各个方面都发生了深刻的变化，而陶器出现之后，就日益成为人们日常生活中不可或缺的用具，并因之促进了人类定居生活的更加稳定，加速了生产力的发展。

相传上古时代，先民们就开始制作陶器。最初，人们只是用泥土捏成型，后来发现用火烧制而成的器皿更耐用，于是才真正有了陶器。最开始的陶器主要是日用器皿，比如盆、碗、缸、釜、钵、罐、甑、筒、杯等。据考古资料显示，中国最早的陶器出现在11700多年前的旧石器时代晚期，出土地点是河北省阳原县泥河湾地区。

后来，随着社会发展和时代进步，制陶业得到了逐步发展，制陶技术从泥条盘筑进步到轮盘拉坯，陶窑也随之发生变化，从最初的平地起烧，发展到结构简单的横穴窑和竖穴窑，以及后来的阶梯窑、龙窑、馒头窑、甑子窑等。同时，对窑的温度、气氛的控制也取得了经验，到大约 8000 年前，陶器最高烧成温度已经可以达到 1100℃，接近陶与瓷的"临界"温度。而且，器型庄重，文饰精美，可以说得上是艺术精品。从目前已有的考古资料来看，陶器中的精品有距今 1 万余年的灰陶、8000 多年前磁山文化的红陶、7000 多年前仰韶文化的彩陶、6000 多年前大汶口文化的蛋壳黑陶、4000 多年前商代的白陶、3000 多年前西周的硬陶等。

第一节 秦汉兴起

秦汉是我国陶瓷发展史上的一个重要时期。尤其到了汉代，在制陶工艺和釉陶艺术日趋发展的同时，原始瓷器开始出现，并得到了一定程度的发展。

这个时期，偏居中国西南一隅的重庆荣昌，在历史的长河中默默无闻地发展着，虽经千年而鲜为人知。然而，偶尔如精灵般的闪现，也能让人看到荣昌陶器光彩夺目的一面。事实上，荣昌窑正是在这个时期正式创烧并得到了初步发展。

荣昌历史文化十分悠久，早在距今约三四万年前，就有原始人群在此繁衍生息。春秋时期，荣昌属古巴国，秦汉时期则为巴郡之属地。巴国，始于远古之夏代，在夏初即成为今中国西南地区、嘉陵江中上游的一个国家，国都为江州（今重庆渝中区），是夏王朝的一个诸侯国。周武王伐纣时，因助武王讨伐有功，被封为子国，又因首领为巴子，故名为"巴子国"，简称"巴国"。鼎盛时期，巴国疆域包含今重庆全境、四川东部、陕西南部、湖北西部、贵州北部等地。战国时代，被秦惠王灭亡。秦统一中国后推行郡县制度，古巴国置为巴郡，荣昌即属于巴郡管辖。西汉，现荣昌所辖之地，分别为江阳县（今四川省泸州市）和汉安县（今四川省内江市）管辖。汉武帝分全国为十三州郡，荣昌当时是益州犍为郡的江阳县地，治所在今泸州市。东汉时，荣昌部分地区又成为汉安县的属地，治所在今内江市。后历经三国、两晋、南北朝，直到隋和初唐，荣昌基本上是这两个县管辖之地。

在长达数千年的岁月里，古代巴人在这片神奇的土地上生息繁衍，他们战天斗地，猎牧捕鱼，垦荒种田，兴修水利，发展农业，创造了灿烂的巴文化。《华阳国志·巴志》记载："川崖惟平，共稼见黍，旨酒嘉谷，可以养父。野惟阜丘，彼稷多有，嘉谷旨酒，可以养母。"随着农业生产的发展，巴人的粮食有了一定剩余，酿酒业也发展起来了。巴人善于酿酒，其特产"巴乡清酒"，是向周王朝交纳的贡品之一。由此可以推定，早在周王朝时代，古代巴人已经学会制陶，并能用陶器盛酒，以便进贡和"击筑饮美酒"。事实上，捕鱼、制陶、炼丹砂等曾经是古代巴人的支柱产业，那时他们利用当地丰富的自然资源，发展了冶矿业和手工业，包括制陶在内的原始工艺技术已经初步形成。秦惠王灭巴国和推行郡县制后，来自于中原、关中地区的部分移民融入巴山蜀水，与当地人共同发展，也促进了古代巴人制陶技艺的发展和提升。

在九龙坡区铜罐驿镇冬笋坝巴人船棺葬遗址发掘中，发现随葬品既有剑、钺等铜兵器和斧、矛等铁器，还有盆、罐等陶器，黑、红二色漆器，以及竹篾、麻布、绢等痕迹，说明古代巴人在冶炼、制陶、造漆、纺织等方面技术已经比较发达。新中国成立后，在荣昌安富鸦屿山上的悬棺遗址中，也有人发现过古代巴人陪葬的罐、灯等陶器，可惜的是当时

图 1-1-1 陶灯（汉代）

人们缺乏保护意识，以至于今天空留遗憾和嗟叹。

到了西汉和东汉，较长时期的休养生息政策，带来了经济社会的相对发展繁荣。尤其是当时的陪葬之风，落实到普通的世族和百姓之家，使用陶器作为陪葬品自然是再理想不过了。四川省成都市及周边地区汉墓中发掘出来的大量汉砖、汉俑，尤其是陶俑，种类繁多，生动形象，能够较好地再现汉代社会生活的方方面面，可以说是汉代社会生活的真实记录和生动写照。今天，四川省博物院开设有专门的汉代陶器展厅。而在荣昌境内，尤其是安富古镇，早在 20 世纪 70 至 80 年代，就已经发现了大量的汉代陶器，其中以俑、灯、鸽、猪、鸡、罐等居多。在紧邻安富古镇的荣隆镇苟家观墓葬中，发掘出一批陶俑和鸽、狮等动物陶器。在鸦屿山南麓，文物爱好者和收藏爱好者曾经长期前往搜索，发现了大批汉代以来的俑、灯、碗、钵、坛、罐等陶器及碎片。今天，在荣昌陶博物馆、安富中学和荣昌当地一些收藏爱好者家中，都能找到不少汉代陶俑、陶灯。

荣昌陶博物馆收藏有一盏汉代陶灯（图 1-1-1），有单耳、底座、比较完整，硬度大，为炻器类。安富中学和荣昌陶博物馆分别收藏有一套本地出土的汉代陶俑，其中荣昌陶博物馆的这套汉代陶俑（图 1-1-2），共 4 只，初步认定为一家

图 1-1-2 陶俑（汉代）

四口，距今约 2000 年。这 4 个陶俑中，有两个年龄稍长，应是父母，另外两个年龄略小，是一对儿女。从外形上看，4 个陶俑均神态平和、姿势安详，透露着满足和幸福之感。透过历史的风烟，从这 4 个陶俑身上，人们能够感觉到一种来自于人性最根本的情怀，那就是人类与生俱来的终极关怀。这 4 只陶俑与其他地方的汉俑有着较大的区别。四川一些地方出土的汉代陶俑，基本上是说唱俑、歌舞俑、抚琴俑、吹箫俑、哺乳俑、提罐俑等，有着特定的功用。而荣昌窑出土的陶俑，大多服饰整齐、神态安详，展现着较为休闲、稳定的生产生活场景。这一点，说明古代巴人及其后裔在经过了长时间的战乱后，开始向往和崇尚隐逸、空灵的生活。

第二节 唐宋兴盛

东汉之后，中国进入战乱频仍的三国两晋南北朝时期，陶器生产进入一个相对衰落时期，尤其是北方地区陶产业发展继汉代鼎盛之后，在这一历史时期基本上没有大的突破和创新。唯一可喜的是，瓷器业得到了一定程度的发展，江西、福建、四川等地都出现了瓷业兴盛景象，江浙一带更是形成以上虞为中心的庞大瓷窑体系。而西南内陆的四川也出现了成都青羊宫窑、邛崃县固驿窑、灌县金马窑和新津白云寺窑等。相较于人口密集、商贸发达的成都及其周边地区，荣昌地区交通不便，偏居内陆一隅，陶瓷业发展亦相对滞后，但传统的制陶技艺，古代巴人遗传基因中的创新意识，以及西晋时期部分北方和中原地区移民进入四川尤其是荣昌地区一带，使这一时期当地陶瓷产业仍然在窘迫中发展，虽然秦汉时期的辉煌不再，但发展历史并没有中断。根据史料记载及发掘文物显示，由于地域环境限制，在这个长达三四百年的历史时期中，荣昌陶器没有能够较好地汲取成都、广元和南方等地区陶瓷业的先进制作经验，处于一个相对封闭的发展环境之中。安富古桥里一带，曾经出土一批碗、碟、盘、罐、坛等陶器，初步测定年代为三国两晋时期。这些炻器类器物制作技术不精，制作原料比较粗糙，烧制温度应为800℃~1000℃之间。

唐代，是荣昌窑新一轮发展时期到来的开端。唐代中期，唐肃宗李亨乾元元年（公元758年），左拾遗李鼎祚向朝廷提出申请，划出泸、普、渝、合、资、荣六州的部分地区新置昌州，并且新置昌元、静南、大足三县，由昌州管辖。乾元二年（公元759年）一月正式建置昌州，州治设在昌元县（今重庆市荣昌区盘龙镇）。因州治所在地为昌州的首县，故县名确定为昌元县。昌元县的设置，便是荣昌地域建县的开始，距今已有近1300年的历史。建县不久，由于兵乱，州、县同治的治所就被"安史之乱"中的叛将张潮、杨子琳焚毁，州县均无法治理，随即废置，县地又归属原江阳县和汉安县。唐大历十年（公元775年），西川节度使崔宁奏准，复置昌州，"以镇僚夷"，同时也恢复了昌元县的建制，但当时的州治已迁往静南县（今重庆市大足区）。唐之后，五代十国时期，昌元分别为前蜀、后唐和后蜀的辖地。到宋代，仍设置昌州和昌元，先后隶属梓州路和潼川府路，州治又迁往大足。在此期间，昌州被时人誉为"海棠香国"。

基于这一段历史，我国资深陶瓷考古专家陈丽琼将唐宋时期的荣昌陶器生产命名为"昌州窑"。陈丽琼是中国陶瓷学会常务理事、重庆文史馆馆员、重庆师范大学硕士生导师、南京师范大学客座教授，出版有《古代陶瓷研究》等学术专著多部。

从 20 世纪 80 年代开始，陈丽琼等考古专家多次到荣昌地区考察，取得一定的考古成就。1984 年，考古专家们在盘龙镇狮子坝发现，当地文化层深 1 米，厚约 1.5 米，并发掘出杯、盘、碗、碟等陶瓷器物 60 余件，经初步鉴定，多属于唐代初期以来的文物，与当地土质相符。由于当地曾是唐代昌州府和昌元县所在地，烧窑制陶业可能兴盛一时。后由于战乱，府衙、县衙外迁，制陶业未能形成规模和影响。

图 1-2-1 重庆考古专家试掘荣昌古窑

20 世纪末期至 21 世纪初期，陈丽琼和重庆其他多名考古专家多次到安富地区考古，对荣昌古窑遗址进行试掘（图 1-2-1）。在对安富刘家拱桥窑场遗址的调查与挖掘中，从堆积物和试掘出的文物可确定，刘家拱桥一带 2 平方千米的区域在宋代均有窑场分布，而其出土的文物比重庆涂山窑场文物更有文化和研究价值。他们还在附近发现了明清时代龙窑遗址 6 处，平窑、阶梯窑 18 处。所发掘的古代陶器，经鉴定不少可认定为国家二、三级文物（图 1-2-2）。2009 年，重庆市人民政府命名刘家拱桥一带 2 平方千米内，发现了古窑遗址群的区域为"瓷窑里遗址"，为重庆市级文物保护单位（图 1-2-3）。专家们分析认为，北宋结束了五代十国时期的纷乱世局，中原、北方和"两湖"地区的人开始移居"天府之国"，与当地人交流融合，带来先进的制陶技术，促进了当地陶瓷产业发展和创新，从而在荣昌刘家拱桥一带，利用当地优质的陶土和煤炭资源，发展起来了"瓷窑里古窑遗址群"。

图 1-2-2 重庆考古专家鉴定荣昌古陶

图 1-2-3 瓷窑里遗址

在刘家拱桥一带出土的陶器文物中，唐宋以来的最多。陈丽琼、董小陈著的《三峡与中国瓷器》一书中，对此有比较多的描述和介绍。陈丽琼、董小陈认为，兴盛于宋代的昌

图 1-2-4 黑釉盏（南宋）

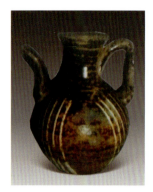

图 1-2-5 白条纹壶

州窑以烧黑釉陶瓷为主，兼烧极少的青灰釉陶瓷。通常，这些陶瓷器物釉下有化妆土，胎色较复杂，有白、灰白、黑、缸胎产，花纹装饰有线纹、窑变纹、以窑变为主的兔毫、玳瑁以及虹彩，以兔毫纹色彩最具代表性。下面略举一例：

黑釉盏（图1-2-4），1998年出土，产于南宋时期。该盏内满黑釉，外下部至足底无釉，上部有铁红色滴斑。盏沿釉色较浅，或为流动所致。此盏高5厘米，口径10厘米，足径4厘米。

酱釉执壶（绘白条纹壶）（图1-2-5），产于北宋时期。该壶为敞口，喇叭型长颈，圆鼓腹，平底，复式扁把手。腹绘五条白线纹两组，上腹酱釉色，下腹露灰红胎，造型端庄，纹饰简洁。该壶高15.2厘米，口径4.3厘米，底径5.2厘米。

10余年来，陈丽琼等人从来没有放弃对荣昌窑（即昌州窑）的研究。2014年6月，陈丽琼应邀再次来到刘家拱桥一带，与重庆市文物考古所副研究员董小陈一道，对昌州窑进行考古研究，明确提出始于北宋的昌州窑是荣昌陶的"前世"，荣昌陶是对昌州窑的延续和发展。陈丽琼表示，荣昌地区自唐宋以来就属于昌州管辖，已有的出土文物证明，早在北宋时期当地就大量生产陶器，故名昌州窑；在出土的昌州窑文物中，也有隋唐和五代时期的，只是目前尚需要进一步科学鉴定。她认为，昌州窑生产的是高温陶瓷，做工细，釉色美，两宋时期已经呈现兴旺发达景象，曾销往重庆武隆、云阳、奉节等地；昌州窑持续时间长，清代发展起来的荣昌窑和荣昌陶器是昌州窑的"今生"，是对昌州窑的继承和创新，并因而成为中国四大名陶之一。

2014年10月，重庆文化遗产研究院陶瓷考古队在该院院长助理林必忠带领下，两次来到刘家拱桥一带进行考古发掘。

林必忠是考古界资深专家，四川大学历史系考古专业毕业生，是文博研究馆员，同时还兼任重庆市政协学习及文史委员会副主任、民革重庆市委文化建设与社会服务工作委员会主任。考古队历时两个多月，在刘家拱桥一带发掘了 400 平方米的古窑场遗址，而调查区域涉及鸦屿山南侧安富街道洗布潭河至广顺窑山坡一线，总面积近 3 平方千米。此次调查，新发现古窑遗址两处，并发现了这些遗址附件分布的露天煤场、陶土采集点。同时，发掘了石朝门窑址，鉴定为宋代馒头窑（图 1-2-6）。该窑虽小，但布局完整、窑身犹存，窑门、煤炭等都清晰可见。这是此次考古活动最显著的成绩之一。另一个显著成绩就是把瓷窑里遗址的面积，从将近 10 年前确定的 2 平方千米，扩大到了 3 平方千米。

图 1-2-6 馒头窑（南宋）

从唐代开始，饮茶逐渐由日常的啜饮转变为一种优雅的"品茗"，宋代更盛。此类世风促进了陶制茶盏的设计与制作，尤其是宋代还推崇仿照这个时期的荣昌陶瓷，其结合时代特点非常紧密，比如，以黑釉为主的色釉装饰，反映着宋代皇族和世人的爱好；装饰纹样多突出造型简朴、自然的卷草纹，这与唐宋时期盛行文人画紧密相关。可以说，唐宋时期的昌州窑虽偏西南一隅，却较好地凸显了时代特征。

图 1-3-1 黑釉碗（元代）

第三节 元明中兴

　　两宋时期，以黑釉为主的色釉陶瓷受皇族和世人喜爱，因而在那个时代，荣昌陶也多为黑釉，也有不少其他比较珍贵的釉色出现。但是到了宋末元初，四川地区经历了一次长达 50 多年的战乱，大约百分之七十的原住居民在战乱毁灭，宋代兴盛的制陶业因而大受影响。所以，元代荣昌地区制陶业不仅没有较好地传承和发展，反而衰落下去，尤其是色釉工艺风光不再，而更多地凸显了陶器的实用性。从目前出土的文物和资料来看，昌州窑出土的文物保持了民窑应有的产品风格。元代的双耳罐，明代的提水壶、双耳罐、龙形罐等，多为素烧，其他的则多是上了清釉类的简单釉色。从器型上看，以比较简单实用的日用器皿为主，工艺上传承了宋代以来的简洁、明快，只是缺乏有深度的创新性。明代的龙形罐泥料比较精细，当属"泥精"类作品，且上了清釉，有一定的光泽度。而同属明代的提水壶，泥料虽然显得粗糙一些，但质朴无华，尤其适合于家用。可见，到了明代中后期，制陶技艺总体上比元代又有所发展，而且器型也越来越多，尤其与老百姓的生产生活关联度更高。

　　在陈丽琼、董小陈收集的荣昌窑（昌州窑）陶器文物中，有一批元代的黑釉碗（图 1-3-1）。这些碗外底多下垂，或呈鸡心底凸起，其腹均为圆腹壁或斜弧壁。陈丽琼等人认为，从碗腹壁变化来看，斜直壁、斜弧壁均是宋代陶器特征，而圆鼓腹则多是元、明时的特征，外底下垂呈鸡心状凸起多

为元代之作。这一批元代黑釉碗，高 4.2 ～ 6.5 厘米，口径

12 ～ 15 厘米，足径 3.2 ～ 4.5 厘米。

荣昌陶博物馆收藏的陶器文物中，有一个双耳罐（图

1-3-2），为元代作品。还有一个龙形罐（图 1-3-3），为明

代作品。龙形罐外部着清釉，生动形象的"龙"为"耙花"工艺，

敛口，圆鼓腹。器物下半部和底部无釉，为素烧而成，底平。

该器物略显粗糙，与宋代作品比较，仍嫌不足，但其适用性

比较强，应是那个时代常用器皿。

图 1-3-2 双耳罐（元代）

这个时期，荣昌陶发展史上出现了一个非常重要的现象，

那就是鸦屿山上逐渐兴起了烧窑制陶业，且日益兴盛。据原

国营荣昌县安富陶器厂老工人肖德森介绍，他家的家谱上记

载有其上九世祖于康熙二年（公元 1663 年），自湖北麻城迁

永川黄瓜山冶陶，康熙四年又迁到荣昌鸦屿山，仍以冶陶为

生。初来时，发现大河湾有废弃的甑子窑一座，九世祖即利

用这座老窑烧陶。肖德森在《垭口志》中写道："大河湾圆窑，

又名'甑子窑'，是明朝时期建的。我伯父曾经去考察过，

想仿建那种窑，两道火门的柴窑，不理想，也没有人在该地

建那种窑。"肖德森生于 1931 年，先祖们大多以烧窑制陶为生，

与陶有着深厚感情，其子肖文桓至今仍然经营着一家陶器厂，

生意比较红火，是重庆市级非物质文化遗产代表性传承人。

图 1-3-3 龙形罐（明代）

明代末期，荣昌陶走到了一个十字路口，或者说，昌州

窑的历史在此就结束了。明末农民起义首领之一的张献忠，

于 1640 年率兵进到四川，1644 年在成都建立大西政权，即帝

位，号大顺。张献忠在割据四川期间，多有奇闻逸事流传，

多次对平民进行过大屠杀。这里就有一个张献忠屠四川时，

发生在荣昌安富街道刘家拱桥一带的事情。当地人祖祖辈辈

相传说，张献忠率兵来到这里时，有一个窑场刚刚烧好陶器，

图 1-3-4　刘家拱桥地层剖面

窑场主听说张献忠的军队来了，顾不上出窑，带着人就赶快逃命去了。今天，当地的老年人都相信，这座古窑仍然在刘家拱桥一带的什么地方，没有被人发现，陶器也仍然完好地保存着。

2014 年初，安富街道通安村在刘家拱桥一带修建村级公路，临着松树林、桂花屋基古窑址。临山坡挖开的地层剖面图显示（图 1-3-4），这里的地层从上至下为：地表松土（松土上为杂草丛或竹林），陶瓷残片（又比较清晰地分为 2~4 层，基本上可以判定为元、明、宋代的陶瓷残片），硬土层。因此可以判定，这一带的古窑直至明代末期才正式闭火，而且闭火之后，再无重新开窑烧陶迹象，恰似一部电视剧，到此戛然而止。

2014 年年底，重庆文化遗产研究院的考古专家在刘家拱桥向东、广顺境内一个名叫瓷窑山的地方，发掘了一个古窑场遗址，里面有不少明代以来的陶器文物。清光绪年间的《荣昌县志》记载，在县西 30 里，附近有一镇，名叫瓷窑铺。瓷窑铺位于清东大路上，在荣昌城区和安富古镇之间，离安富古镇约 5 里，自明代发展起来，到清光绪年间仍有二三户人家居住。瓷窑山位于现曾家山附近，据出土文物显示，这座小山可谓名副其实，大量的陶瓷器物，观照着历史上的兴旺与繁华。这些陶瓷器物，根据初步认定，应是介于陶与瓷之间的炻器，烧制温度还没有达到瓷的温度，但其原料是适合烧制瓷器的白泥。由于历代农田耕作，地形变异，古窑遗址的具体位置尚没有准确找到并进行试掘。

第四节 清代复兴

明末清初，四川长期处于战乱之中，天灾人祸不断，持续时间将近半个世纪，导致四川人口急剧减少，荣昌县也不例外。清康熙六年（公元 1667 年），荣昌县上报在册人口数据为"时有 143 户，男妇 286 人"。1674 年开始的"三藩之乱"，使全县人丁几乎全无，作为一个自唐乾元元年（公元 758 年）即设县治的农耕大县，此时"虽有可耕之田，而无耕田之民"。可以想见，此时的荣昌陶业，自然是早已停止发展步伐，那些曾经彻夜通明的陶窑，也早已废弃，湮没于荒草丛中。

公元 1682 年，清朝廷派张懋尝到荣昌县任县吏，他率 8 人到达荣昌时，正值黄昏，只见城内除野草残垣，竟无一个人影。张县吏十分诧异，令军士在县衙前敲门询问，大门推开，冲出来的竟是一群老虎。《荣昌县志》曾记载此事："城中四处无人，天尚未黑，群虎窜出，八人之中有五人落入虎口。"县吏张懋尝率领的 8 人，除师爷外，均是精壮军士，熟操刀剑，没想到与一群老虎血拼下来，只有 3 名军士力保县吏逃出，其余 5 人当即丧生。

清康熙三十三年（公元 1694 年），康熙皇帝颁布《招民填川诏》。该诏称："独痛西蜀一隅，自献贼蹂躏以来，土地未辟，田野未治，荒芜有年，贡赋维艰……"正因为此诏，遂有了历史上有名的"湖广填四川"之大事件，也才有了荣昌陶器之"今生"。

荣昌县是湖广移民进来之后的重要落脚点，也是他们中

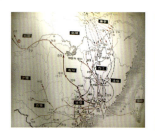

图 1-4-1 客家迁徙路线

图 1-4-2 瓦子滩河畔的石碑

很多人继续西进成都等地的重要中转站。在成都龙泉驿洛带古镇的客家博物馆中，陈列着一幅清初"湖广填四川"时的客家迁徙路线图（图 1-4-1），可以清晰地看到湖广、两广、闽粤赣等地客家人迁徙入川的线路。移民们来到荣昌后，"插占为业"，走上了发家兴业的道路。原住广东长乐县凉水井的颜祥麟，在清康熙五十年（公元 1711 年）左右，只身经湖南郴州、邵阳、常德入湖北，又经恩施、三峡，辗转进入荣昌落户，其后裔颜坤吉，现年 80 多岁，仍住在荣昌盘龙镇石田村务农兼织麻布，是国家级非物质文化遗产项目代表性传承人。居住在广东兴宁县南厢的陈国俊，在乾隆元年（公元 1735 年）移民进来，在荣昌安富镇的小河坝落户。他的后裔陈长蘅，还担任过民国时期国民政府立法院财政委员会的委员长。

鸦屿山上，有一个小地名叫金竹山，下临一条名叫瓦子滩河（现名为"渔箭河"）的溪流。该溪流当年应该可以行船，把鸦口和金竹山一带生产的陶器运出去。金竹山边、瓦子滩河畔有一座窑王庙，背山面水，地势极好，且位于重庆市荣昌县和四川省隆昌县相邻的地方，两县地界仅一水之隔。窑王庙前有几块石碑，其上记述了当地冶陶的史实，其中一块石碑书有"乾隆四年"字样，惜沧桑岁月，石碑损毁严重，更多的字难以辨认。透过这 4 个字，基本可以确定这块石碑立于乾隆四年（公元 1738 年），距今将近 300 年了。这块石碑的两旁，有一副风化严重、字迹斑驳的对联（图 1-4-2），雕刻苍劲有力，文字是"万人同绿日月久，天下文章共成裘"。由此可见，当时的人不但烧窑制陶，而且非常重视植树造林，看到了砍伐与植绿必须同步发展的自然规律。

鸦屿山上的陶业发展至此已经比较兴旺。据考古资料显示，在清代初期，除鸦屿山之外，荣昌的铜鼓乡（今铜鼓镇）和四川省隆昌县大桥(离鸦屿山约5千米)等地，均有窑场存在。但是后来这些地方的燃料和原料逐渐缺乏，遂相继集中到鸦屿山的垭口一带。清中期以来，垭口地区相继建起了磨子窑、中兴窑、老兴窑、万兴窑、崇兴窑、下兴窑等一批有名的窑场。

图1-4-3　鸦片烟具（清代）

　　这些窑场兴办之初，产品以缸、钵、坛、罐等粗陶为主，但也能生产工艺精湛的细陶。清咸丰以后，开始较多地生产细陶。据传说，陶工们最初从制坯的勒手泥和洗手钵的沉淀中得到启发，经过试验，发现用淘洗过的坯泥制作的产品质地格外细腻，从而改进了陶土的加工处理方法，使陶器的质地由粗变细，并由此产生了"泥精货"这一称谓。咸丰年间，制泥工艺落后，细泥产量很小，细陶生产还不普遍，其产品多为小件。那时正处于鸦片战争前后，由于帝国主义的侵略、掠夺和清政府的腐败无能，鸦片泛滥全国，因而所制作的泥精作品中，各式烟具（图1-4-3）所占的比重较大，而其他实用品则比较少。到了光绪年间，不但能成批生产日用细陶，而且还较普遍地开始使用刻花和色釉装饰，如中兴窑用靛脚子加柴灰、石灰烧成青色粗陶。当时，已能生产两米多高的朱砂釉花瓶和六方朱砂釉坐墩等难度较大的作品。

图1-4-4　麻线篓（清代）

　　清代的麻线篓（图1-4-4），有一定的代表性，可以看作是细陶作品的经典作品之一。它使用红泥做坯、白泥做化妆土，运用镂空的装饰方法制作而成。荣昌地区产夏布（民间也称麻布），麻线篓的主要作用就是放置线团，以便于绩麻线。

图1-4-5　浮雕小酒杯（清代）

　　清代的冰裂纹浮雕小酒杯（图1-4-5），高3厘米，口径4.5厘米。杯内为浅蓝色熔块釉形成的冰裂纹，斟酒于内，若蓝汪汪的泉水，令人垂涎欲滴。外用耙花技法，形成浮雕形状，再施以红釉，鲜艳夺目。内外有别，差异颇大，可谓匠心独具。

清代中期以来，鸦屿山的烧窑制陶业日益呈现出一派繁荣景象。有一句流传至今的民谣可以印证："金竹山，瓦子滩，十里河床陶片片，窑公吆喝悍声远，窑火烧亮半边天……"瓦子滩河位于垭口约 2 千米，处在垭口下游。当时，不光是位于瓦子滩河南岸的金竹山一带烧窑制陶业发达，河对岸的隆昌县境内，也依然是陶业兴旺，窑火不断。如今站在瓦子滩河畔的下兴古窑遗址旁，依稀可以看到瓦子滩河两岸的不少古窑遗址。尤其是河滩中的陶片，虽经上百年的冲积，仍然层层叠叠地堆积着（图 1-4-6）。

图 1-4-6 瓦子滩河床

古有"民窑不入典"之先例，因此即便在清代，垭口一带陶业如此兴旺发达，官方却少有这方面的记载。但是，在荣昌尤其是安富街道鸦屿山上，清代烧窑制陶的盛况却是客观存在的。如今鸦口一带的鸦屿陶瓷公司、安北陶器厂、富艺陶器厂等制陶企业的老板，其祖辈们都是清代以来冶陶大军中的成员，而且传承已经在 10 代人以上了。

图 1-5-1 安富古镇（2015 年）

第五节 民国繁盛

　　清末到民国时期，由于制陶工艺的进步，陶窑的不断兴建，以安富鸦屿山为主要产地的荣昌陶业，呈现出繁荣景象。

　　"安富场，五里长，瓷窑里，烧酒坊，泥精壶壶排成行，烧酒滴滴巷子香……"这首民谣至今仍然有人传唱，是对清代末期民国初年安富发展盛况的真实写照。安富是成渝公路沿线的重要场镇，在清代时是连接成渝两地"东大道"上的重要驿站（图 1-5-1）。相传自汉代以来，这条"东大道"就已经形成，唐宋时期已经繁盛。而清初的"湖广填四川"移民，更是沿着这条"东大道"西进到洛带、成都，以及更远的四川其他地区。1949 年后，这里是公路"G109"的必经之地。到清末民国初期，安富已经形成两大特产：烧酒和陶瓷。民谣中将这两大特产进行了描述，当时的酒肆、酒坊等多达100 家以上，可谓香飘数里（图 1-5-2）。也许正是因为这种烧酒的烈性，安富自辛亥革命以来，涌现出了一批报效祖国的热血男儿，比如辛亥传奇将军余际唐、护国讨袁"民间首义"郑英，以及在火神庙巷内奋笔疾书"誓死抗日"的杨光耀等。

图 1-5-2 烧酒坊酒窖（2015 年）

　　安富的陶瓷业在民国初期已经具有相当大的规模。据荣昌县一份文史资料记载，当时有彭惠初开办"荣隆陶器厂"、民国十年红货客罗德三等开办"华蜀陶瓷工厂"。另外，杨炳荣、康寿川、康云甫、朱荣山等均于清末建窑，并在民国初期发展起来。民国初期，唐宇澄、陈万云、赖洪兴、王焕章、刘乾兴等数十人，也分别建窑。据不完全统计，从清光绪年间开始，到 20 世纪 40 年代初期，鸦屿山上规模较大的制陶企业有 20 多家，小窑户则在 200 家以上。那些小窑户基本上是家庭手工户，他们在山上掘土自制，或单独经营，或数家合伙，有单独做坯型出售的，也有自做坯型在他处烧制的。规模较大的窑场，资金有一千元至一万元不等。家庭手工作坊，资金则通常为几十至一千元左右。

有产品就要有销路，以及配套的服务设施。当时，仅鸦口关帝庙就有旅店、茶馆 6 家，专为购买陶器的商贩和挑夫服务。而在山下的安富场镇，沿街商贩云集，卖陶器的店铺鳞次栉比，盛况空前（图 1-5-3）。据 1934 年《四川月报》五卷六期报道，当时的安富陶器产品主要有：

鉴赏品：人物、花瓶、花钵以及虎豹等动物，年可售洋 7 万余元；

应用品：甑、钵、缸、茶具、饭碗、酒杯、痰盂等，年可售洋 9 万余元；

烟具：烟斗、烟葫芦、烟杯、打石等，年可售洋 25 万元以上。

以上三项合计营业额 40 余万元。这些产品主要是通过安富镇下街和鸦口泥精铺销售（荣昌陶又称"泥精"）。有史

图 1-5-3 安富古镇陶器店（2015 年）

可查的泥精铺有 37 家，其中又以李德才的资金较为雄厚，零售兼营批发。这些泥精铺中，只有"永兴和"有经营牌号，其余的均以人名为号，未立铺号。

当时，泥精货远销康、藏、陕、甘、云、贵等省。贩运陶器每挑（即"担"，当时的一种计量单位）需本金 10 元，贩运多由精壮男子负责，称为"红货客"。每挑运抵重庆，需要交纳税金 1 元。从销售品种来看，烟具比例较大，足见当时吸毒风之盛。

安富鸦屿清末至民国时期部分窑户建窑简况表

窑名	窑户姓名	基本情况
	杨炳荣	建窑于清光绪中期，初期试拱地窑烧碗，随后在金竹山建长窑，开始做套钵装烧，逐渐增加窑长窑高，以适应业务发展
	康寿川 康云甫	建窑于清光绪中期，烧制的烟葫芦、吸烟梭斗等广受欢迎，单价高出一般五六倍，常一抢而空
朱家窑厂	朱荣山	又名"大桥老窑"，建于清末，民国十四年（1925 年）停办
蜀华瓷厂	罗德三 唐宇澄	1921 年开办，用石膏为模型，制造鉴赏品及梳毛动物。日用品则于釉上绘以彩色，题材多为鹅、鸭、牛、马、龙、虎等
	陈万云	开办于 1920 年至 1930 年，所制万云大脚葫芦产品精致美观，但烧制少价高
	赖洪兴	开办于 1920 年至 1930 年，自做自烧，主要烧制鸦片烟具及生活用品，如茶杯、酒杯、小孩儿生活玩具等
	王焕章	开办于 1920 年至 1930 年
	刘乾兴	开办于 1920 年至 1930 年
	刘述和	开办于 1920 年至 1930 年
	张泽和	开办于 1920 年至 1930 年
	罗富廷	开办于 1920 年至 1930 年
	彭德章	建于 1930 年，在金竹山小河边建条窑，自做自烧，产品不多。收取搭烧费，为其他无窑户烧制产品。产品多由安富镇泥精铺销售
	周金廷	建于 1930 年
	张华安	建于 1930 年
	罗福安	建于 1930 年
	黄荣廷	建于 1930 年
	彭银章 朱德仁	建于 1930 年，除朱、彭二人外，还有 10 余户在砂罐厂合烧一条窑
	向垣铭	开办于 1920 年至 1956 年，在关帝庙烧粗陶
乐成瓷厂	林乐天	1938 年集资八千元，雇用技师尧宾五等 2 人，工人 18 人，职员 9 人生产碗、茶具为主
荣鸦工厂	厂长罗溪午 经理罗素方	1940 年在垭口碉堡附近设厂建窑，股东有罗溪午、罗纪业、黄忠荣等，共 10 股集资三千元毫洋，请王坤山设计建窑，郭事洪任技术指导，邓希清做套钵，生产罗汉碗、二品碗、灯台、漱口盅、耳盅等 10 多个品种。模型品有牛、马、狗等梳毛动物及釉色货 10 余个品种，造型精雕细琢，雅致美观，远销滇、黔、陕等省，销路畅旺，人多争购。但因管理不善开业两年多，改由黄荣顺独资经营，又一年多转让经营给黄立权，仅两年就停业

接上表

棠香中学校办泥精劳作	校长龙树芬	1936年棠香中学校长龙树芬聘请郭士洪为教习，规定学生定时课程劳作。用红泥做各式茶壶、酒杯等，不上釉，色红而细腻光泽，式样精巧，质地优良，名扬全省
楠宾桥条窑	李海山	雇工数人，不允别人搭火烧成
荣隆陶厂	彭惠初	与他人合伙经营，时间为20世纪20年至20世纪40年
陶器工厂	棠香中学	开办时间为1930年代后期至1940年代
荣昌工业合作社		在荣昌城外，开设资金一万五千元，产品为碗、盘、碟、茶壶等

（注：该表选自田学诗《鸦屿岑秀土陶红》，略有改动）

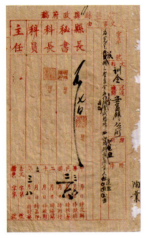

图1-5-4 荣昌陶业试验场成立（1934年）

以安陶为主的荣昌陶的发展，离不开政府的推动。20世纪30年代初，荣昌县长请准在四川执政的大军阀刘湘，由省建设厅第三科在安富三圣宫内设立了荣昌陶器试验工厂，即荣昌陶业试验场（图1-5-4），以试制新品种，成果则由各地的500多家陶场无偿使用。刘湘是四川省近代一世枭雄，在四川内战中逐渐发达，削平群雄统一四川。他在军事与政治上均有建树，对川渝地区教育事业也有很大投入，1929年重庆大学成立，他任第一任校长。抗日战争爆发后，刘湘多次主动请缨，亲率十万大军出川抗日。不幸的是，刘湘出师未捷身先逝，于1938年1月20日在汉口病死。死前他留有遗嘱，激勉川军将士："抗战到底，始终不渝，即敌军一日不退出国境，川军则一日誓不还乡！"刘湘生前喜爱陶器，曾有清末紫砂壶大名家王南林，向刘湘赠送一壶，上书"刘湘司令雅玩"。刘湘对荣昌陶也情有独钟，多次把荣昌陶比喻为自家的"宝贝"。曾有一段时期，刘湘经常挂在嘴边的一句话是："我有荣昌烧酒坊的泥精茶壶，有白猪儿和名贵药材，不靠科学也能发展，闭关也可以自守。"荣昌陶器试验工厂的成立，对提高安富陶器的品位和规模发挥了重要的作用。但是，由于军阀政府惯有的贪腐，该工厂于两年后关闭。

随着荣昌陶器试验工厂的设立，荣昌陶器发展进一步得到了官方重视，当地在安富帝祖宫设立了陶瓷陈列馆，荣昌县还设立了工业合作社，以陶瓷销售为主。1935年，棠香中学（现安富中学）校长龙树芬开办泥精劳作课，聘请郭士洪担任教习，规定学生定时劳作。同时，还在学校附设陶业职业补习学校，招收学生30多人，聘请留日学生王世杰做专业教员，指导学生学习制模、雕塑、刻花等制陶技艺。教务主任李乐斋还专程去江西，购回宜兴陶器，以参照改进，引起强烈反响。学员们生产出许多作品，尤其是小巧玲珑的手工艺品（图1-5-5）。他们用红泥做各式茶壶、酒杯等，不上釉，产品细腻有光泽，样式精细，质地优良，胜过职业陶工的作品，可与宜兴紫砂壶媲美，一时名扬全省，冠绝全川。

图1-5-5 学员作品（1935年）

抗日战争爆发后，荣昌窑迎来了一个较好的发展机遇期。由于外地工业遭到破坏，外省厂矿迁川，大批人员内徙，全国各地各阶层人物都往内地集中，为荣昌和安富陶业兴旺发达带来了动力，注入了活力。1937年，林乐天开办乐成陶瓷厂，职工33人，有资本8000元，每月获利2000元。该厂生产的陶瓷产品，已具有较高的文化艺术价值（图1-5-6）。1939年，黄宗荣等人开办荣昌鸦口陶业工厂，简称"荣鸦厂"，有职员7人，工人66人，资本5000元。这时还有荣富陶瓷工业合作社、檬子桥瓷厂等，此外还有联合办厂者10余家，有大小窑子30余座。1941年，当地陶业工人已达两千多人，到了旺季，各地客商都来进货，安富和鸦口旅馆为之客满，商贩云集，热闹一时。安富镇初步形成陶瓷街，有"安富场，五里长，泥精壶壶排成行"的民谣，可见安富陶业的盛况。这时，既有专门烧粗陶和黄丹货的通烧窑（即龙窑），也有专烧釉子货的碗窑（阶梯窑）。粗细皆有，品种繁多。如黄丹货中的各式缸、坛、钵、壶，釉子货有耳盅、灯台、酒具、香炉、

图1-5-6 乐成瓷厂作品（1937年）

图1-5-7 荣鸦厂管理制度（1939年）

罗汉碗、朱砂坛等，以及各式花瓶、花钵、壁挂和以动物为题材的小雕塑、陶哨玩具。其中，尤以绿釉产品居多。

荣鸦厂建成于1939年1月，其产品有日常用品，如碗、盏、茶壶等；有儿童玩具，如人物、鸟、兽、果实等；有文具，如笔洗、笔筒、盘等；有陈设物品，如花瓶、花钵等。荣鸦厂在成立之初，即对各项管理制度进行了规范，其中不乏一些人性化的规定（图1-5-7）。比如：①在作息时间中规定，早上6点起床，7点开始工作，9点半开始休息10分钟；中午休息1个小时，下午1点工作……每日工作时间为9个小时，如遇工作紧张时得延长1~2个小时，照平日每小时加给三分之一或三分之二工资。②工人手册中规定，要恪守本厂一切公约，服从股东厂长及主任之支配。如有不良嗜好及怠惰傲慢结党等情况随时解约。③鼓励工人学习，工人在工余时间须在本厂所办之补习学校补习，以期艺术精进，并不得规避。④制定比较详细的工人奖惩方法、工人福利种类、安全设备、卫生设备等。比如奖励方面：无恶劣嗜好做工尽职者，全年工作无过失者，协助厂务有劳绩者，履行工作契约者，作品有进境者。比如福利方面：本厂已成年工人及童工学徒均使分别受补习教育，其费用由本厂全部负担。如遇疾病本厂酌给医药费。女工分娩前后，停止工作共8星期；入厂工作6个月以上者，假期内工资照给，不足6个月者，减半发给。比如安全设备方面：本厂起居饮食均有定时需用工具，桌凳力求与工作身体相称，住所宽敞能免潮湿，工作之余从事运动，平日常请医师施以体格检查，如遇患病即为其诊疗。

抗日战争胜利后，国民党挑起内战，大量厂矿相继迁出四川，职工随之迁出，也就迎来了荣昌陶的又一个衰落期，陶业迅速地一落千丈。据伍德卢《四川各县瓷器瓷土调查报告》中谈到，荣昌陶瓷"因二批瓷土稍有变异，技师欠经验，遂无办法，故现出之成品较劣，生产难以维持；安富乐成瓷厂唯工人之工资太低，学徒亦然，被嘉定、江津之工厂拉去，现此厂有不可开工之虑。鸦口之荣鸦厂等，亦因极巨亏本，窑场纷纷倒闭。"这个时候，许多制陶艺人被迫改行转业，流离失所，有的到处"跑滩"，流落他乡。"在黑暗的旧社会，陶器人深受三座大山的压迫，每天起早贪黑地拼命干活儿，然而却过着牛马不如的生活。"那时，童工在学徒期间无报酬，不但学不到技术，反而还要担水做饭，端茶送水，洗衣倒尿，稍有不如意，就要挨打受骂，过年过节还要请吃送礼。工人们劳累一年，还是吃不饱穿不暖。"蝉虫叫，饭碗跳"，每年到了四五月，青黄不接时，工人就得逃荒去要饭。当时，陶工中流传着一首顺口溜："正二月投靠亲邻，三四月衣服当尽，五六月眼睛饿花，七八月洗尸还魂，九十月新官上任，冬腊月又是一春。"生动地描述了这个时期人们的悲惨遭遇。1949 年前夕，鸦屿山上的窑场大多关闭，稍具资本的杨光荣、刘树三、刘乾兴、陈正荣等，都歇业迁往安富镇上居住。只有 20 多户大约 100 余工人因为实在找不到其他出路，只好继续在破烂的茅棚中卖命糊口。老工人蒋万兴得了重病，窑场主不但不给治，连米汤都不给他吃。窑场主说："我的米汤，是要喂猪的。"蒋万兴在悲惨的境遇中离开人世。可以说，当时的荣昌陶业已经濒于人亡艺绝的境地。

民国时期，还有几件事情值得单独书写：一是开设荣昌陶业试验场，"以能及宜兴器为标准"，助推荣昌陶器生产发展。这个过程中，还特别强调重视人才培养。1936 年，县政府公招 3 名学生到重庆高级陶瓷科职业学校学习，由县政

图 1-5-8 双旗水壶（抗日战争时期）

图 1-5-9 防空水壶（抗日战争时期）

府全额资助。这 3 人分别是甘乾湘、钟玉堂、罗素骏。遗憾的是，1937 年荣昌县政府不愿意再承担这 3 名学生的学费，致使 3 名学生无法继续学习。重庆高级陶瓷科职业学校为此还专门致函给荣昌县政府，进行质问，要求县政府及时划拨款项。二是制作激励抗战陶器品。抗日战争爆发后，荣昌人积极投身于救亡图存之中，以高度的爱国热情，制作了标志川军身份的"双旗水壶"（图 1-5-8），送给出川抗日的川军。在日军对重庆大轰炸期间，为激励重庆军民，荣昌人又制作了"防空水壶"（图 1-5-9），上书"重庆空袭服务总队部制"。荣昌人还在花瓶等日用陶器上表达抗日救国的壮志，比如制作了刻有"抗战到底"的象耳瓶。三是注重陶业自治组织发展。1930 年 10 月，罗德三、杨洪顺、左光汉、田左泉发起成立安富镇陶瓷同业公会。1940 年 1 月，荣昌县安富镇陶瓷商业同业公会正式成立，地址位于安富镇仁爱街 15 号，共有 32 人，理事长范国钦，常务理事有刘金才、李焕荣。与此同时，还成立了荣昌县安富镇陶瓷工业同业公会，地址亦同，共有 34 人，理事长林乐天，常务理事刘全兴、杨光荣。1946 年 7 月，荣昌县陶业职业工会、陶瓷业同业公会在周礼万、郭世宠、陈正荣、唐孝明等人发起下成立，理事长周礼万，常务理事刘树三、萧元章，另有理事、候补理事、常务监事、监事和候补监事等，机构比较健全。公会制定了比较完善的章程，共分为总则、会员、职员等七章。

第六节 现代发展

　　1949年以后，百废待兴，百业待举。20世纪50年代初期，西南美术专科学校（现四川美术学院）实用美术系教授梁启煜在一次会议上说："解放前，因受封建地主资本家的摧残，（鸦屿村陶厂工人）仅做些鸦片烟葫芦及迷信用品的香炉蜡台等，行业已衰落不堪，处于危境。解放后几年内逐渐复苏，1955年共有大小厂7个，制陶工人约100人左右，但和当年盛况相比，还差得很远……"

　　但是，随着社会主义建设和发展的真正开始，荣昌陶业在经历了几年的衰败之后，终于迎来了又一个发展的春天，走上了枯木逢春的道路。1953年，公私合营的陶瓷厂已经出现，但个人没有加入。1954年，安富镇的几十个陶器工人成立劳工厂，由政府发放贷款，支持生产。劳工厂有了逐步发展，于1955年4月20日改为陶器生产合作社。1956年3月，安富的28户陶业主敲锣打鼓，欢庆全行业组成地方合营企业安富陶器厂。荣昌陶业在社会主义改造新高潮中，迎来了一个重要的时刻，组建起了一个以政府为主导的社会主义企业——荣昌县安富陶器厂。当时，安富垭口村有合作社、合营厂两个企业，职工213人，窑炉5座，年产粗细陶232万件。1958年7月，为适应大跃进，厂、社合并，成立地方国营荣昌县安富陶器厂，陶业工人达256人。到1960年末，安富陶器厂占地1.8万平方米，年产陶器300余万件，是1950年的100倍。20世纪80年代，在安富陶器厂最辉煌的时期，占地面积

图 1-6-1 梁启煜等人在安富陶器厂合影（1955 年）

100 亩，有职工 674 人，其中工程技术人员和技术工人 337 人，1987 年实现利税 56.9 万元、利润 46.7 万元，是四川省百家陶器企业之冠。可以说，在社会主义建设和发展的初级阶段里，安富陶器厂在党的领导下，培养技术骨干，扶持陶艺研发，改善福利设施，修建厂房，充实设备，从而使制陶技艺和陶业生产得到了充分发展。安富陶器厂成立后的几十年，虽然有一段时间将厂名改为"荣昌陶器厂"，但安富陶器厂使用的时间更长，所以"安陶厂"和"安陶"逐渐为世人接受，"安陶厂"成了企业的专有名词，"安陶"成了荣昌陶的别称、俗称或代名词。直到 21 世纪初，这个企业正式倒闭。一定程度上说，"安陶"就是荣昌陶，至少可以代表荣昌陶。当然，"安陶厂"也因其影响力和发展状况，几度成为县属、市属企业，创造了安富镇企业发展的一个小小神话。

陶业发展，技术是关键。在党的正确领导和政府的积极扶持下，安富镇鸦口的陶器工业不但迅速恢复和发展，而且还使这一行业跳出了单纯生产日用陶的窠臼，开始生产工艺美术品。1955 年 4 月，梁启煜教授受四川省文化局美工室的委托，与重庆美术公司的程尚俊一起，来到荣昌县安富镇，开始研究荣昌陶器改进工作（图 1-6-1）。他们在荣昌县第二中学（现安富中学）美术教师杨华等人的支持下，收集到一批当地新中国成立前生产的陶器产品，并开展这些产品和古今中外（主要是苏联）的陶瓷图片陈列展览，邀请当地艺人和广大群众参观，介绍陶瓷业发展情况，增强人们的发展信心。随后，二人牵头拟定出以恢复改进为重点的试制产品计划，并由当地群众选出 16 名传统手工艺人，加入到新产品试制组。梁启煜等人的新产品设计图案出来后，当地艺人和群众提意见建议，修改完善后，再交给试制组艺人制坯（图

1-6-2）。随后，又广泛征求意见，再次修改完善后，才进行
定型烧制。这些新产品，由梁启煜等人介绍到北京美术服务
部销售。1956 年 3 月，梁启煜再次被委派前来，与同校的青
年教师罗明遥、毛超群一道，进行第二次改进研究，重点是
新产品研发，品种主要有瓶、坛、罐、花钵等。他们还把自
己的学生带到地处偏远的安富陶器厂，让他们参加社会实践，
与当地手工艺人交流，以此提升制陶技艺（图 1-6-3）。这
次技改在坚持第一次技改做法的基础上，把参加试制的手工
艺人增加到 29 人，并启动刻花青工培养工作。新产品面世后，
分别送到成都、重庆和北京集中或单独参展，得到较好反响，
希望能够正式生产出售。尤其是 1956 年 11 月，在参加北京
陶瓷评比展览会时，人们这样评价荣昌陶器："四川荣昌的
产品造型和图案设计优美有力，具有民族风格，釉面光润，
成本又低。"

图 1-6-2　安富陶器厂老艺人制
坯（1955 年）

图 1-6-3　梁启煜等人在安富陶
器厂合影（1956 年）

　　这两次技改总计 9 个多月，共恢复、改进、新设计陶产
品 129 种，后来陆续投入生产销售，普遍受到群众欢迎。同
时，这两次技改还解决了传统工艺中没有解决好的部分问题，
推动了新工艺的运用。主要表现在：采用贴花边缘流线形图
案隔离的办法，解决朱砂釉流动性大、着色不稳定的问题。
将猪鬃刷子和铁丝网合起来用，解决上釉不均匀、浪费材料
等问题。这些新产品部分被送往北京、成都、重庆等地展出，
得到较好反响。随后，半数以上的新产品陆续投入经常性生
产销售，受到普遍欢迎。梁启煜深有感触地说："改进陶器
不仅是改进造型和装饰，还必须运用科学方法，改进技术，
改进工艺过程，才能使产品质量全面提高。"

　　荣昌陶器在长足的发展中，结合当代工艺技术，盛产花
釉。产品以日用陶为主，其中泡菜坛整体比例协调，形式美观，

图1-6-4 荣昌泡菜坛

造型结构符合泡菜需要，具有良好功能，是当时最著名的荣昌陶器产品（图1-6-4）。其他产品还有罐、坛、壶、瓶等。装饰以化妆土刻花为特点，有刻线和剔花两种，纹饰质朴自然。这个时期的荣昌陶器产品，不但有适合老百姓家用的粗陶和"泥精货"等日用生活品，还大量生产工艺美术品，且呈现总体上逐年上升的良好势头，到20世纪80年代末90年代初，荣昌县工艺美术陶年产量达到900万件。其中，仅安富陶器厂年产量就达200多万件。

荣昌安富陶器厂历年产值产量统计表

年度	总产值（万元）	税金（万元）	利润（万元）	总产量（万件）
1957	9.74		0.46	57.29
1958	17.10		1.01	100.59
1959	34.02		1.47	200.08
1960	54.06		1.85	244.45
1961	20.06		-2.30	216.01
1962	30.54	3.32	2.71	208.40
1963	33.28		2.36	207.14
1964	30.60		0.04	197.41
1965	38.52	3.22	-1.11	150.66
1966	36.24		-3.74	135.22
1967	30.65		-10.83	108.56
1968	16.84	1.01	-17.42	59.83
1969	6.49	0.56	-23.92	27.34
1970	27.54		-11.07	97.08
1971	37.12	4.15	-5.03	133.09
1972	67.22	4.45	-6.99	139.25
1973	52.05	4.32	-10.45	199.57
1974	58.54	3.63	-9.53	197.22
1975	81.85	4.85	-4.91	126.48
1976	76.71	4.44	-10.35	114.21
1977	105.56	6.28	1.00	147.76
1978	125.75	7.61	3.96	153.13
1979	102.55	8.04	0.10	116.74
1980	141.80	10.74	1.03	181.94
1981	154.78	12.33	2.98	192.81
1982	192.18	18.37	11.95	233.00
1983	155.32	11.70	3.39	233.00
1984	163.16	3.41	8.23	

这些荣昌陶器除销往全国很多省市外，还出口国外。从20世纪60年代初开始，荣昌安富陶器厂的产品就开始代表中国著名工艺美术品赴日本、斯里兰卡、智利、巴西、坦噶尼喀、埃塞俄比亚、阿尔及利亚等国家和地区展出。还参加世界博

览会、第三世界二十四国展览会等，并赴英、美、法和拉丁美洲各国，作为文化工艺品交流展出和销售，均受欢迎和好评。1964 年，是荣昌陶器开始正式对外出口的一年，主要是出口东南亚国家，以文化工艺品形式制作的各式烟缸、酒具、茶具、飞鹰、奔马、熊猫、雕塑等 40 多种工艺品参加世界博展会，进行展销。其中，安富陶器厂的 5 号和 4 号泡菜坛、松子纹出口包装豆瓣（坛）首先出口 12.7 万件。彼时，日本、法国等向荣昌陶器厂提出购买朱砂糖罐、1 号泡菜坛、陶盘和各种釉陶玩具（图 1-6-5）。

图 1-6-5　荣昌陶器参展（1964年）

1964 年 3 月 2 日，国家手联社以【手艺司011】号文件明确：赴日本、斯里兰卡、智利、巴西、坦噶尼喀、埃塞俄比亚、阿尔及利亚等 7 国，荣昌陶瓷 200 件。

1964 年 8 月 12 日，国家轻工业部以【64】轻硅字 25 号文件，发出关于提供样品的通知："……为北京北海团城民间陶器展览……日本兵库贸易协同组合参观团、法商勃朗比拉参观团，提供少量荣昌陶器样品……"随后，选送了 147 件荣昌陶样品到北京，其清单如下：法商：小号螃蟹 6 件、小熊 6 件、小鸟 6 件、小鱼哨子 5 件；日商：小号螃蟹 15 件、3 号水牛 15 件、猫头鹰 15 件、雄鸡 5 件、母鸡 5 件、小鹿 15 件、小鱼哨子 22 件、西游记玩具 7 件、2 号松潘狗 10 件、鹌鹑 15 件。

1964 年 11 月 4 日，关于征集 1965 年出口展品的函【64】轻硅字 04 号文件明确，到法国、肯尼亚、叙利亚、突尼斯、巴基斯坦、阿联酋参展，要求提供荣昌陶器产品清单为：狮子饼干罐 7 件、剥花糖罐 7 件、剔花汤锅 7 件、中号提梁壶 7 把、其他新品种 35 件。

1967 年 5 月 17 日，关于赴马里、叙利亚展览，国家轻工业部以【67】轻科展字 001 号文件，要求荣昌陶器的样品为：

剥花饼干罐 2 件、刻花菜坛 2 件、刻花糖缸 2 件、刻花调料具 2 套、剥花茶具 2 套。

由于荣昌陶器属于传统工艺，1949 年以后虽然得到了长足发展，但仍处于手工工艺的半机械化生产。因此，他们克服烘窑设备缺乏、着火点不均、出窑合格率不高，以及外商签订的商品数量小、品种多等困难，不断促进出口创汇。周恩来总理曾在听取了陶器制作的事情之后，深有感触地对外贸部门的同志说："泥土加煤炭创外汇，应该发展。"这一指示，是对荣昌陶器产品进入国际市场最大的支持，也是对荣昌陶业职工的有力鼓舞和鞭策。

据统计，在 1964 年到 1985 年的 20 余年间，荣昌安富陶器厂的出口总量达 276 万余件，平均每年出口量在 10 万件以上，其中又以 1965 年出口数量最多，达 41 万余件（其中 32 万件为泡菜坛），远销欧洲、非洲、拉丁美洲、东南亚的 20 多个国家和地区。下面这张照片是当时曾大量出口的陶器小动物，包括鸡、虎、羚羊等（图 1-6-6）。1975 年，荣昌工艺陶厂成立，这是荣昌县第一个专业从事工艺陶生产的企业，其生产的工艺品先后参加菲律宾、马来西亚、新加坡、南斯

图 1-6-6 荣昌陶器小动物（约为 1980 年）

安富陶器厂历年出口统计表

单位：万件

年别	数量	备考	年别	数量	备考
1964	12.69		1975	14.15	
1965	41.33		1976	3.57	
1966	22.1		1977	3.71	
1967	3.86		1978	10.99	
1968	0.42		1979	9.76	
1969	0.22		1980	22.88	
1970	5.23		1981	17.51	
1971	13.28		1982	25.65	
1972	8.23		1983	24.60	
1973	9.74		1984	7.28	
1974	12.33		1985	1.61	
小计	129.43		小计	146.71	
合计			276.14		

图 1-6-7 荣昌陶器获奖名单
（1956 年）

拉夫等国展销，产品也受到广泛欢迎。

持续的发展和技术创新，使荣昌陶器赢得了不少宝贵的荣誉。现列举部分荣誉如下：

1956 年 6 月，安富陶器社郑锡武参加全国手工业先进生产者会议。

1956 年，四川省第一届工艺美术品展览会上，胡贯之、梁启煜、杨学礼等 3 人的作品分别获得一等奖（图 1-6-7），另有 2 件作品获二等奖，8 件作品获三等奖，获奖作品件数遥遥领先于省内其他陶瓷产区获奖作品总件数。同时，荣昌安富镇陶器生产合作社、荣昌县公私合营陶器厂获集体奖，占全省 14 个获奖单位的七分之一。

1978 年，荣昌陶器共 125 件（套）送到北京，参加全国工艺美术展览会，获得好评。国家轻工业部、外贸部、商业部在总结中说：“位于展览馆西南角厅，展出美术陶瓷、瓷器……陶器的著名产地有江苏宜兴、广东石湾、湖南铜官、广西钦州、四川荣昌等……”

1980 年，荣昌陶器厂 3 件作品获国家轻工部、中国美协主办的全国陶瓷设计评比赛二、三等奖，为西南地区之唯一。

图 1-6-8 奖状（1983 年）

图 1-6-9 奖状（1987 年）

1981 年，荣昌工艺美术陶器获四川省经委命名的优质产品称号。

1983 年 1 月，荣昌陶器"仿古宽肩梅瓶"在 1982 年度全省旅游产品评选中获优秀奖。

1983 年 3 月，刻花泡菜坛在中国国际旅游会议旅游纪念品评比中获好评（图 1-6-8）。

1983 年 12 月，荣昌陶瓷制品获国家对外经济贸易部表彰；龙酒壶获四川省旅游产品一等奖。

1984 年 3 月，荣昌陶器获四川省新产品科技成果优胜奖。

1984 年 5 月，荣昌陶器获全国工艺品展销会最高荣誉"金龙奖"。

1984 年，荣昌陶器厂的"龙瓶""佩耳花瓶""色釉宽肩瓶""双耳天球瓶"等 12 件陶器，获四川省优秀旅游产品、内销工艺品称号。

1986 年 1 月，重庆市政府授予荣昌陶器厂"新产品开发先进企业"称号。

1987 年 6 月，荣昌陶器厂的泡菜坛在全国陶瓷产品质量评比中被评为"优胜产品"。

1987 年 12 月，荣陶牌泡菜坛荣获国家轻工业部命名的全国轻工业优质产品称号（图 1-6-9）。

20 世纪 80 年代，荣昌陶器获全国陶器行业产品质量"优胜奖"，列为"其他类"产品第一名；"蜀秀牌"玻瓷马赛克列入国家"星火计划"，并先后荣获四川省乡镇企业产品银质奖和国家科委星火计划银杯奖。

1988 年，荣昌县矸砖厂（荣昌县工艺陶厂）的彩色釉面瓦生产线列入重庆市"星火计划"。

1991 年，荣昌陶器长鼓花插获四川省轻工业厅表彰的全省第二届陶瓷新产品展评会优胜产品一等奖。

这个时期，荣昌陶器在全国、省级相关评选、表彰中，先后获得单项、集体奖项共有200多次。

这个时期，荣昌陶还有三件事情值得骄傲。

一是荣昌陶器作为国礼馈赠外国政要。"安陶厂"保存的一份宝贵资料记载："又以两天的时间，创制出十八种儿童玩具，为送国际友人，已在三月廿九日选送了十三种计四十二件至北京传瑞典等国……"这份资料写作时间为1959年4月28日。可见，早在上世纪50年代末期，荣昌陶就曾作为国礼走出国门，走上了世界舞台。20世纪70年代末，为配合复出的邓小平出国访问，现广州美术学院马高骧教授在"安陶厂"研制了两只双色釉鱼耳罐（图1-6-10），其中一只馈赠给了外国政要，另一只在今天的荣昌陶博物馆内收藏。马高骧1960年毕业于四川美术学院并留校任教，1985年任中国轻工业部全国陶瓷艺术中心组壁画艺术组组长，1987年至1989年任陶艺专业外国留学生、硕士生导师，1989年后任广州美术学院美术教育系教授、硕士生导师。

图1-6-10 双色釉鱼耳罐（20世纪70年代）

二是"荣昌陶器"列为《辞海》专条。1975年11月27日，上海人民出版社《辞海》编辑室发函至荣昌安富陶器厂：《辞海》修订中"荣昌陶器"专条试改稿征求意见【沪版（75）辞艺字第42号】，要求该厂修改完善后及时回复。当年12月12日，由该厂司徒铸牵头修改后回复了《辞海》编辑室。1979年国庆前夕，上海辞书出版社出版《辞海》三卷本，在全国公开发行。《辞海》单独列出"荣昌陶器"词目。该版介绍了6个地方的陶器，包括宜兴、界首、石湾、荣昌、崇宁、博山陶器。1999年，由江泽民同志题写书名、上海辞书出版社出版的《辞海》第五版面世，其"荣昌陶器"注解为："【荣

荣昌陶又走到了一个发展的瓶颈时期，而此时大量的制陶艺人流落民间或外出创业就业，本地的荣昌陶艺传人已经寥若晨星。从上世纪末期到本世纪初期，荣昌陶业在将近20年的时间里，影响力日益减弱，直至渐渐被世人遗忘。

盛极必衰，衰则有机会凤凰涅槃般地崛起。即使是在荣昌陶产业发展低落的时期，荣昌县和安富本地一些有识之士，也在做艰苦的努力并进行一些探索，比如做彩陶、皮陶，更有善于在市场经济大潮中搏击的陶业主，开始生产土陶酒瓶，虽然单个酒瓶的利润降低了，但总算是找到了一条企业的出路。

2000年，荣昌县委、县政府举办了首届陶器发展研讨会。2001年，刚刚改制不久的武城陶器公司以当地的优质高岭土为主要原料，精心设计制造出申请吉尼斯大全的"天下第一缸"：高2.88米，最宽处直径3.28米，底宽1.68米。2003年，占地6690平方米的陶都博物馆（2011年开馆时为"安陶博物馆"，2015年正式更名为"荣昌陶博物馆"）动工修建。2004年，武城陶器公司成功制造"天下第一坛"，坛高2.9米，肚大1.45米，底宽1.25米，容量4.3立方米。当年，重庆大学原人文艺术学院院长、资深教授、巫文化研究学者江碧波出资购买垭口的一个陶厂，办起了"碧波艺苑陶艺研究所"。该所成立后，虽然产生的经济效益并不明显，但显然成了荣昌陶（主要是"安陶"）由衰落的低谷走向发展的一个转折点。一部分流落民间的制陶艺人又重新走上了制陶岗位，分别到这个陶研所和由国企改制而成的鸦屿陶瓷有限公司、安北陶器厂、富艺陶厂等重操旧业。如今，这些人又成为了陶产业兴旺发达的中坚力量。

2006年，省级工艺美术大师罗天锡成立陶艺工作室，旨在恢复、继承和发扬荣昌陶器传统技艺（图1-7-1）。2008年，该工作室"新安陶"作品获重庆市第一届工艺美术展银奖，并在三峡博物馆展出。同年开始，荣昌陶业在度过了低迷、低谷时期后，开始逐步回暖。这一年，重庆世国华陶瓷工艺制品有限公司挂牌成立，这标志着陶工业化生产正式走向现代化和规范化。到当年底，荣昌陶器有大小规模不同的企业10户，主要生产日用陶、工艺陶、皮陶和园林建筑陶四大类，年产值1亿多元。

图1-7-1　罗天锡制陶（2008年）

2010年，安富有陶器（包括玻陶）生产企业10户，实现产值5.5亿元，其中规模以上企业6户，实现销售收入4.22亿元，上缴税金1444.2万元，实现利润1135.9万元，从业人员1254人。2011年，全街道陶产业实现产值8.65亿元，规模以上陶器生产企业7户，其中永恒玻陶公司完成产值1.5亿元，世国华陶瓷公司完成0.98亿元。当年，还举行了安陶发展研讨会，国内外知名陶瓷工艺、美术大师20多名，市级相关部门负责人等前来参会，营造了较好的荣昌陶器发展氛围。从2010年开始一直到2014年，安富街道陶业产值年增长速度30%左右，2013年达到14.4亿元，2014年达到18亿元，2016年达到28亿元。可以看出，尽管经济社会形势在变化，但是陶产业始

图 1-7-2　陶器酒瓶生产车间
（2011 年）

终朝着比较良好的方向发展。（图 1-7-2）。

　　尤其可喜的是，工艺美术陶研发重新起步，世国华、鸦屿、碧波艺苑、安北陶厂、钟鸣工作室等企业，都先后上了工艺美术陶生产线，尤其是世国华公司等制陶企业，聘请许多老艺人和外地工艺美术大师，以及与国内多所高等院校合作，研发出了一大批深受市场喜爱的工艺美术陶，发展前景十分美好。同时，还与四川美术学院、重庆大学人文艺术学院、重庆师范大学艺术学院、四川内江师范学院张大千艺术学院等高等院校签订战略合作协议，形成长期战略合作关系，建设学生实习、实作和培训基地。2014 年以来，又引进江苏宜兴、湖南醴陵、广西钦州、云南建水等地的陶艺技师入驻，增进了与先进发达地区的交流融合，充实了荣昌陶发展实力，增强了工艺美术和陶产业的发展后劲。据统计，近几年间，荣昌陶参加全国各地陶艺比赛，先后获各级各类奖项近 100 次，其中获国家级金奖 8 次、银奖 20 余次，知名度和美誉度大大提升。2013 年，老艺人刘吉芬的手工造型现场作品"微型泡菜坛"获钦州国际陶艺节金奖。

　　近年来，荣昌陶在发展中的大事主要有：2007 年，荣昌陶器列为重庆市非物质文化遗产。2011 年，荣昌陶器制作技艺列入国家级非物质文化遗产保护名录（图 1-7-3），被评为重庆市首届"巴渝十二品"（图 1-7-4），安陶博物馆（现

图 1-7-3　奖牌（2011 年）

图 1-7-4　奖牌（2011 年）

已更名为"荣昌陶博物馆")正式建成并免费开放（图 1-7-5），并获国家 AA 级旅游景区评定，成为荣昌县第一家国家 A 级以上旅游景区。2012 年，启动安陶产业园建设，当年初见成效。2013 年，安陶博物馆被评定为全县唯一一家国家 AAA 级旅游景区，并创建成为重庆市科普基地，初步建成荣昌陶青少年实训中心（图 1-7-6），完成荣昌陶艺大师园和交易中心一期工程（图 1-7-7），正式启动荣昌陶文化创意产业园建设，规划面积 6.4 平方千米，其中核心区 2 平方千米。2014 年，成功引进广东唯美集团和北京奥福公司入驻陶瓷产业园，

图 1-7-5 荣昌陶博物馆（2013 年）

图 1-7-6 荣昌陶青少年实训中心（2013 年）

图 1-7-7 荣昌陶展示交易市场（2013 年）

第二章

荣昌窑的地域特色与
自然人文环境

荣昌区是 2015 年 6 月正式挂牌成立的重庆直辖市下辖区，位于重庆市西部，东经 105°17′~105°44′，北纬 29°15′~29°41′。地处四川、重庆两地接壤处，距重庆市区 90 千米，距成都市区 246 千米，东邻重庆市大足区、永川区，西接四川省隆昌县，南邻四川省泸州市，北与四川省内江市、安岳县接壤。荣昌全境南北长 44.3 千米，东西宽 39.1 千米，总面积 1079 平方千米，常住人口为 68.57 万（户籍人口为 84.74 万）。2017 年实现地区生产总值 368 亿元。全境地貌以浅丘为主，地势起伏平缓，平均海拔 380 米，最高点为古佛山主峰三层岩，海拔 711.3 米；最低处在县东南角清江镇的濑溪河水面。总体上看，全境地势北高南低，由东北向西南倾斜，但起伏不大、相对平坦。

第一节 昌州窑的地域特色

荣昌历史悠久，素有"海棠香国"的美称，是一个少数民族散杂居区，有蒙古、回、藏、维吾尔、苗族等 30 个少数民族，总人口 2300 人。其中回族人口最多，有 706 人，主要居住在清流、盘龙、远觉镇。荣昌区辖 15 个镇、6 个街道、209 个行政村、41 个社区。

一、传奇荣昌：历史发展沿革

早在春秋时期，荣昌便是巴国的属地。秦朝推行郡县制，荣昌地属巴郡。西汉以后属新设置的犍为郡，为资州、泸州的辖地。东汉时，荣昌为江阳（今泸州）、汉安（今内江）两县辖地，历经三国、东西晋、南北朝，荣昌先后成为蜀汉、齐、梁、西魏和北周的统治地域。隋朝统一全国以后到唐朝前期，一直为江阳、汉安县的辖地，没有单独设县。

唐乾元元年（公元 758 年）正月，左拾遗李鼎祚以江阳、汉安"山川辽阔"为由，奏请割六州（泸、普、渝、合、资、荣）之界设立昌州，兼置昌元、静南、大足三县，设昌州都督府。唐宪宗元和二年（公元 807 年）为相的李吉甫，于元和八年（公元 813 年）撰《元和郡县图志》称："昌元县与州同置，东接赖婆，西接耶水。"其时，正值动摇大唐帝国经济基础的"安史之乱"，大战烽火虽未及于荣昌，而大唐帝国北方大部分疆土沦为战场，兵夫粮饷所需甚巨，因此多设州县不过便于征调兵粮。重赋苛税使得民不聊生，各地饥民被迫揭竿而起，以至于昌州和昌元县"寻为狂贼张朝所焚"。成书于宋太宗太平兴国年间（公元 976—983 年）的《太平寰宇记》称，在昌元县南 70 里的濑婆山（今安富镇境内的寨子山），"四面悬绝，大历四年（公元 769 年）于山上置行州"。意即昌州府成立 11 年后，就因战乱不得不将府衙外迁而设"行州"。

　　昌州府的州府设在昌元县。昌元县即昌州首县之意。昌元县的建立，就是今荣昌地区建县的开始，迄今已有 1260 年的历史。建县以来，由于军事、政治、战乱等原因，曾两度废置、两易其名，历经了风雨沧桑。"狂贼"张朝、杨子琳等人焚毁州府、州官另置"行州"后，原州县随即废置，县地又改归旧属资州和泸州。当时，这一地区已为"僰道"（今四川宜宾）涌来的少数民族所占据。到唐大历十年（公元 776 年），才由西川节度使崔宁奏准复置昌州，"以镇僚夷（今宜宾一带的少数民族）"，同时也恢复了昌元县。昌州设立后，由于当地盛产海棠花，其中尤以"天下海棠本无香，唯昌州海棠独香"而闻名于世，开始被人们称为"海棠香国"（图 2-1-1）。

图 2-1-1　荣昌城海棠盛开

宋代仍设置昌州和昌元县，先后隶属梓州路和潼川府路，州治迁往大足县。元朝占领全川后，因人口稀少，在至元二十年（公元 1283 年），裁撤昌州并撤去昌元县的建制，县地并入大足县，随后又并入合州铜梁县。直到元朝至正二十三年（公元 1363 年），明玉珍在重庆称帝，建立大夏政权，在原昌元县部分辖地新置昌宁县，是上川南道合州的辖地。明朝建立后，朱元璋派兵灭大夏。洪武六年（公元 1373 年）在原昌元县内改置荣昌县，隶属重庆府。因县地介于古昌州和荣昌之间而定名。除表示县地历史继承关系外，也寓有人们希望繁荣昌盛的美好愿望。后来，历经清朝、民国，荣昌县的设置均没有改变。

1949 年 12 月，成立荣昌县人民政府，先后隶属璧山专区、江津专区、永川地区。1983 年 4 月，永川地区撤销后，荣昌成为四川省重庆市属的一个远郊县。1997 年 3 月，中央设立重庆直辖市，荣昌仍为重庆市属县。2015 年 5 月，国务院批复同意撤销重庆市下辖的荣昌县，设立荣昌区。同年 6 月 18 日，荣昌区挂牌成立。

二、快捷荣昌：交通发达便利

荣昌和安富处于四川和重庆交界之处，交通历来便利，早在清初即成为交通要道。

民国初期，成渝公路修建，穿荣昌县城和安富场镇而过，并在安富场镇形成了五里长街，使之成为成渝公路沿线的四大古镇之一和重要的交通枢纽。近年来，其便利的交通优势更加显现，成渝铁路、成渝公路和成渝高速公路横贯全境，荣昌境内有火车站 4 个，安富境内有 1 个；荣昌境内有成渝高速公路出入口 3 个，其中荣隆出入口距安富场镇 5 千米，另有四川渔箭出入口距安富场镇 5.5 千米。

荣昌城区距重庆江北机场 120 千米，距重庆寸滩保税港 110 千米，距在建的泸州云龙机场 30 千米，2016 年动工修建的南大泸高速公路（四川南充—重庆大足、荣昌—四川泸州），穿过荣昌和安富境内，并在安富的荣昌陶文化创意产业园入口处开设出入口。南大泸高速公路纵向地把四川、重庆境内的成渝高速公路、成自泸高速公路等 4 条横向的高速公路通过互通式立交桥连为一个整体，从而极大地促进了川渝地区的交通提速和经济发展。同时，荣昌区域内的"三纵五横"公路网络与各镇、街道相连，"村村通"公路网络基本完备，路面全部实现了沥青或水泥硬化。

尤为可喜的是，已经建成并于 2015 年底正式运行的成渝城际铁路客运专线经停荣昌，荣昌到重庆主城的时间缩短为 20 多分钟，到成都也只需要 50 多分钟（图 2-1-2）。可以说，未来荣昌将成为渝西川东相邻区市县的换乘中心。

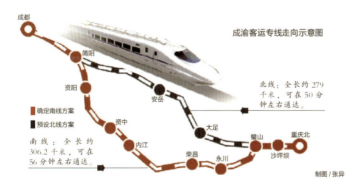

图 2-1-2 成渝客运专线走向示意图

三、战略荣昌：成渝腹心地带

荣昌地处成渝经济走廊的腹心地带，是成渝经济圈的桥头堡，自古以来是渝西川东的工业重镇，也是重庆市"1 小时经济圈"的重要组成部分，是全国三大、世界八大优良猪种荣昌猪的故乡，是中国重庆畜牧科技城所在地，是中外客商投资创业的宝地。荣昌传统产品独具特色，陶器、夏布（图2-1-3）、折扇（图2-1-4）闻名于世，蜚声海内外，均为国家级非物质文化遗产。红碎茶年出口量达2万多吨，是全国最大的红碎茶出口基地。有麻竹8万亩，年产竹笋4万吨，2005年被国家林业总局命名为"中国麻竹之乡"。

图 2-1-3 荣昌夏布生产

图 2-1-4 荣昌折扇展示

荣昌机械工业发达，有格德瑞重工、秋叶机械等大批机械加工企业，拥有大型机械设备2300多台。荣昌畜牧科技发达，畜牧生产基地、畜产品加工基地、饲料兽药生产交易基地初步形成、发展迅速，建成了中国西部最大的饲料兽药专业市场，入驻企业300多家，年交易额20亿元以上。

近年来，荣昌先后荣获全国文化先进县、全国科技工作先进县、全国畜牧兽医科技示范县、全国计划生育协会先进县、全国群众体育先进县等称号，世界 500 强嘉吉公司、中国民营企业 500 强希望集团等一大批知名企业纷纷落户荣昌。2017 年 10 月，华森制药在深交所挂牌上市，成为荣昌本土首家、重庆第 50 家上市公司。

四、宜居荣昌：气候温和宜人

荣昌全区总面积 1079 平方千米，全境地貌以浅丘为主，土地肥沃，地势起伏平缓，平均海拔 380 米。

荣昌属中亚热带湿润东南季风气候，年平均降水量 1099 毫米，年平均气温 17.8℃，年总积温 6482℃，无霜期 327 天以上，月极端最高温度 39.9℃（1972 年），月极端最低温度 −3.4℃（1975 年），历年日平均气温稳定通过 12℃，为 265 天。年平均日照时获得 1282 小时，年降雨量 1111.8 毫米。

荣昌是中国西部宜居城市之一，先后荣获"全国文明县城""国家园林县城""国家卫生县城""浙商（中国）最具投资潜力城市""苏商投资中国首选城市""全国绿化模范县""全国科技进步考核先进县""全国县域经济科学发展特色县"等荣誉称号。在全球商报论坛暨亚太工商领袖峰会的"2010 中国城市印象"评选中获得"最具幸福感城市"金奖。2013 年，获中国人居环境范例奖。目前，荣昌正在打造国家森林城市。

五、魅力安富：传统风貌古镇

安富街道位于荣昌区西部，与四川省隆昌县、泸县接壤，素有"渝西第一镇"之称。

图 2-1-5 安富古镇（2012 年）

安富距离荣昌县城 10 千米，距离隆昌县城 27 千米，是荣昌陶的主产区。早在唐代，安富境内的鸦屿山（寨子山）便是昌州太守的"行州"，至今仍留存有当年的城墙遗址。清康熙四十一年（公元 1702 年），安富建镇，迄今已有 316 年。因当地盛产优质白酒，故又名"烧酒坊"。安富交通便利，是清东驿道上的重要驿站，清初"湖广填四川"，移民们经过安富古镇西进，前往洛带、成都一带（图 2-1-5）。

安富自古便有陶器生产，兴盛时陶器销往 20 多个国家和地区。清代末期、民国初期，安富形成五里长街盛势。"安富场，五里长，瓷窑里，烧酒坊，泥精壶壶排成行，烧酒滴滴巷子香"，是对那个时期安富商贸业发达的真实写照。1949 年后，安富一度设县下辖的派出机构区公所，并有镇政府同时存在。2002 年，重庆市人民政府命名全市首批历史文化名镇，安富古镇被确定为全市首批亟待抢救的 10 个传统风貌镇之一。2005 年，安富古镇火神庙片区被确定为重庆市级历史文化街区。2009 年，安富撤镇为街道，沿用至今。2015 年，安富古镇火神庙、安富老街古建筑群（辛亥革命南北军政府谈判旧址、丹凤书院、赤皇宫、烧酒坊旧址等）经专家评审，初步入选市级文物保护单位。

安富古镇自汉代以来盛产陶器，历经两千年而窑火不断。新中国成立后，荣昌陶业持续发展，并出口 20 多个国家和地区。荣昌陶器在中华人民共和国成立之初，参加全国民间工艺美术品展览会时，获得工艺美术行业专家和中外游客、广大市民的喜爱，因此被命名为中国三大陶都之一，与江苏宜兴、广东佛山石湾齐名。荣昌陶器也被命名为与江苏宜兴紫砂陶、广西钦州陶、云南建水陶齐名的中国四大名陶之一。

第二节 荣昌窑的自然环境

荣昌物产丰饶，拥有丰富的土地资源、水力资源、矿产资源、生物资源等。荣昌开发很早，远古时代先民们就在这片土地上刀耕火种，用勤劳和智慧创造生存和发展的良好环境，不断地繁衍生息，抒写着人类发展史上独有的篇章。

一、矿产资源：地质好储量丰

荣昌的地质结构具有蕴藏矿产的条件，已经发现的矿产资源有 10 多种，主要是煤炭、天然气、陶土、页岩、石灰石、建材砂岩、石英岩和矿泉水等。荣昌曾是重庆市重要的煤炭生产基地之一，煤炭可开采储量 9600 万吨，年产原煤 185 万吨，精煤 50 万吨。天然气储量十分丰富，经探明可开采储量 10 亿立方米，是四川盆地内的产气大县，日产气能力 50 万立方米。石灰石分布较广，探明储量为 1300 万吨，以螺罐山等处出露最好，昌元、广顺、双河等 10 余个镇、街道有丰富的蕴藏。陶粒页岩探明储量巨大，可以做日用陶、工艺美术陶、优质建筑陶的原料。此外，石英矿、盐卤、铜矿、铁矿等也有一定的开发潜力。

二、土地资源：土壤肥性能好

1993 年土地详查结果显示，荣昌全区拥有土地总面积 10.75 万公顷，其中耕地 6.3 万亩。土种繁多，有水稻土、冲击土、紫色土和黄壤四大土类及 6 个亚类，土壤肥沃，生产性能好，

图 2-2-1 濑溪河

图 2-2-2 荣昌猪

适宜种植的范围广。

三、水力资源：溪河多水量足

荣昌区水能径流量3.25亿立方米，境内有大小溪河151条，重要的有 25 条，多属沱江水系。濑溪河是流经区内的最大河流，从东北向西南斜贯区境，从东南部流入沱江，再汇入长江，区内流长 51.5 千米，有约 100 条支流，流域面积714平方千米，是荣昌的水上大动脉，被视为荣昌的"母亲河"（图 2-2-1）。清流河为荣昌与内江的边界河，是荣昌区西北与内江商贸往来的水上交通要道，发源于安岳，经荣昌流向内江注入沱江，干流总长 172 千米，流经区境干流18.3 千米。这两河一南一北，如同两条"绿带"闪耀，总流域面积有 1054 平方千米，纳水广，水量充足，可终年分段通航，平均年径流量 2.86 亿立方米。全区河流水力理论蕴藏量有 10688.3 千瓦，可供开发的有3000 千瓦。

四、生物资源：种类多特色靓

荣昌区生物资源有经济作物、药用植物、园林植物和家畜家禽、淡水鱼类等 160 余种。动物资源丰富，其中家畜、家禽有 50 多种，白猪、牛、羊、鸡、鸭、鹅、兔和蜜蜂是荣昌农村饲养的八大畜禽。荣昌猪、鹅饲养尤其量大，销路很广，闻名于远近。荣昌猪更是被喻为中国三大、世界八大地方名种猪之一（图 2-2-2）。依托丰富的动物资源建立起来的畜牧科技城，已经被确定为国家现代畜牧业示范区。由于气候温和，适宜各种植物生长，植物资源十分丰富，有竹木、粮食、油料、蔬菜、中药材、花草、水生藻萍等植物577 个品种。荣昌农业发达，是全国"三高"农业示范县、长江防护林工程建设县、黄麻基地县。茶树、桑树、果树，是荣昌的三大经济林木，茶叶生产为区内新兴产业，茶叶单产曾创全国之最，是全国红碎茶出口的基地县（图 2-2-3）。荣昌有森林植物273 种，森林覆盖率已达 45%，城区绿化覆盖率 46%，为水土保持、气候调节和美化环境、保护环境发挥了重要作用。

图 2-2-4 荣昌白泥原矿

图 2-2-3 安富寨子山茶叶基地

五、陶土资源：储量多泥质优

荣昌陶土资源丰富，境内多数地区都有比较优质的陶土矿，其中尤其以鸦屿山、三层岩、铜鼓山等区域更为丰富。沿着鸦屿山脉一线，有一条长约 25 千米、宽 2.5~4.5 千米的优质陶土矿带，总储量约 1.1 亿吨，平均厚度 1.2 米以上，比重 2.65 吨 / 立方米。这是全区优质陶土集中之地。这些陶土矿属侏罗纪沉淀黏土页岩，有红、白两种。本世纪初，在鸦屿山上一取矿点采集到的泥料显示，白泥原矿是灰白色（图 2-2-4），为井下开采，主要含二氧化硅，占 74.6%，其余还有三氧化二铝 12.15%、三氧化二铁 1.2%、氧化钙 1.435、氧化

图 2-2-5 荣昌红泥原矿

图 2-2-6 和南寺遗址

镁 0.85% 等，烧失率为 6.36%。红泥原矿多由紫色泥岩风化而成（图 2-2-5），呈紫褐色，泥质细润，为露天开采，主要含二氧化硅 62.43%，其余还有三氧化二铝 15.55%、三氧化二铁 7.14%、氧化钙 2.47%、氧化镁 1.69%，烧失率 8.36%。这些陶土矿是制陶的最佳原料，埋藏浅，地层稳定，极易开采，工业生产温度在 1180℃ ~1250℃ 之间。用这些储量大、品质优的陶土矿，制成做细陶用的泥精，不用添加任何化学原料，就可以做出生态、环保的坛、罐、壶、盅、缸等陶器，用作泡茶、家装等日用器具，深受广大消费者喜爱。

六、鸦屿山脉：人文重景色优

荣昌鸦屿山，古称"獭婆山"，今人也称为"螺罐山脉"，由寨子山、凤凰山、燕子岩等组成，森林面积约 3 万亩，是天然氧吧。早在唐代，鸦屿山就曾做过昌州府的"行州"，后来荣昌八景之一的"鸦屿仙棋"即位于此山。相传北宋时期，獭婆山下的鸭儿凼边，住着一位名叫李勘的青年。有一次他上山砍柴，恰遇仙人奕棋，遂拜为师，学成之后而为"第一国手"，并曾令"虏望风知畏，不敢措手"。这个优美的传说，虽然并不一定可信，但"鸦屿仙棋"的美景，却是从来不假。曾任昌元县令、后任宋朝宰相的文彦博有诗云："昌元建邑几经春，百里封疆秀气新。鸭子池边登第客，老鸦山下着棋人。"鸦屿山一线，群山绵延，林木茂盛，植被良好，水源也颇为丰富，松竹终年遮天蔽日，除刘家拱桥宋窑遗址外，还有明清时期修建的莲花寺、和南寺、祇园寺、龙洞寺、新观音、三块石等庙宇，以及唐、宋、元、明、清时代的石刻、碑文、佛塔等遍布其中。目前保存得比较完整的当数和南寺遗址。寺前一石牌坊，上有"第一名山"的牌匾（图 2-2-6），为清光绪年间所书，并在大门石柱上刻一副对联：太白安在哉，百代而还哪有金绳开觉路；东坡今渺矣，千秋以下应将玉带镇山门。寺内碑文甚多，曾有民国草书第一圣手于右任写的"半窗风月望松涛，四面云山叠画屏"的牌匾。也有民国时期画的"担金上寺图""仙姑会""讲经图"（图2-2-7）等5幅壁画，还有"德成万古碑"等数十块石碑。

图2-2-7 和南寺壁画

依托厚重的人文历史，以及优美的自然风光，鸦屿山已经开始朝着生态休闲度假基地的方向发展，建成三星级农家乐1户、特色农家乐5户、普通农家乐10余户。建成总长5千多米的登山健身休闲步道，修建了观景亭和20余处人文景观景点。而且，鸦屿山的泉水终年不断，质好味正，稍加处理制成纯净水外销，或直接桶装外运，颇受荣昌城区和安富周边的城乡居民喜爱。

图 2-3-1 荣昌白猪—"熊猫猪"

第三节　荣昌窑的人文环境

荣昌历史悠久，地理环境优越，自然风光秀丽，是一个令人迷恋的地方。自唐宋以来，荣昌更是人才辈出，不但有位居庙堂的军政要员，也有闻名遐迩的文人雅士，自是山川钟灵毓秀，风气育人文。荣昌人勤奋务实，具有艰苦创业、勇于开拓的精神。在长期的历史发展和奋斗创业中，荣昌人凭着智慧和才干，开发出了具有地方特色的产品，其中尤以荣昌猪、荣昌陶器、荣昌夏布、荣昌折扇闻名于世。

一、荣昌四宝惹人爱

荣昌猪是荣昌广大农村长期群选群育、纯繁纯育出来的地方优良品种（图 2-3-1）。四川盆地内农村饲养的多为黑猪，唯独荣昌猪雪白。经过多年纯育，荣昌猪的优势更为明显，具有抗病力强、耐粗食、成熟早、肉质好等优点。早在 20 世纪 40 年代末，联合国粮农组织鉴于荣昌猪的品质优良，就决定将产区划为"保种"特区，要求精心培养。20 世纪 50 年代，英国出版的《世界家畜品种及名种辞典》，把荣昌猪列为专条记载。"七五"计划中，国家农业部把荣昌猪与太湖猪、东北民猪列为国家级保护的三个优良地方猪种之一，专家们呼吁要象保护大熊猫一样，把荣昌猪作为国宝加以保护和推广。"白毛猪儿家家有"，全区农村家家户户都爱饲养，荣昌仔猪更是早就销往云贵川等省区。现在，不但已推广到全国除台湾地区以外的所有省、市、自治区，同时还远销到日本、朝鲜等国。近几年外销仔猪每年均在 150 万头左右，是全国最大的外向型仔猪生产基地之一。养猪业是全区畜牧业的基础，是荣昌农村经济的一大支柱产业。目前，荣昌已初步建成以荣昌猪为主要载体的中国畜牧科技城。

图 2-3-2 荣昌夏布产品

荣昌夏布生产，源远流长（图 2-3-2）。早在汉代，就有"蜀布"的记载。这种布的上品，在唐代已成为贡品。夏布是用苎麻线经过多道手工工序编织而成。根据不同的要求，能够生产出粗布、细布和罗纹，用途很广。民国时期，全县拥有夏布织布机 5000 多台，全年销售总量约有 70 万匹，产值在 200 万银元左右。这些产品，大都出口欧美、南洋等国家。

图 2-3-3 荣昌陶酒瓶生产作坊

1923 年，荣昌漂白麻布曾在天津博览会上荣获第一名，因为它是采用传统的技术在濑溪河中漂洗出来的，所以有"濑溪河水漂洗夏布甲天下"的美誉。改革开放以后，荣昌夏布重振雄风，产品远销我国香港特别行政区、韩国。荣昌夏布有限公司曾获得"全国创业之星"称号，荣昌春光夏布实业公司曾跻身于"中国五百家最大私营企业"之列。1998 年，农业部授予荣昌为"中国夏布之乡""夏布加工基地"。2008 年，荣昌夏布制作技艺列为国家级非物质文化遗产项目。2013 年，荣昌夏布取得国家地理标志证明商标。2014 年，荣昌夏布出口创汇 1 亿美元以上。

荣昌陶器生产历史悠久，迄今已有 2000 余年，与江苏宜兴紫砂陶、广西钦州陶、云南建水陶并称为中国四大名陶。荣昌陶器素以工艺精湛细致，形体优美典雅，色彩绚丽光洁，装饰古朴大方，美观适用而著称。1949 年后，荣昌陶器生产更是欣欣向荣。在继承传统风格的基础上，提高工艺技术开发新品种。规模最大的荣昌安富陶器厂（图 2-3-3），曾被省市定为重点企业和重点出口陶器的生产基地，能生产日用和工艺美术陶器 200 多个花色品种，各种泡菜坛、黑釉龙瓶、凤凰酒具、各型茶具及黑釉飞马等装饰品，备受欢迎。产品参加全国性的展评，曾多次获国家、省部等级奖，优胜奖和全国旅游内销工艺品最高荣誉"金龙奖"。该厂产品从 1964 年起正式打入国际市场，畅销东亚、东南亚、非洲、西欧和美洲的 20 多个国家。

荣昌折扇生产已有四五百年（图 2-3-4）。清光绪《荣昌县志》记载："始于永乐中，邑中职此业者不下千家万户，每年春间各郡客商云集于斯，贩往他处发卖。"清乾隆、嘉庆年间，折扇生产有了很大发展，花色品种已增至 20 多个。同治、光绪年间，县城已有专业扇铺 40 多家，每年可生产棕夹全楠等 30 多个品种 400 多万把折扇，远销云贵川陕。1925 年，荣昌元兴扇庄生产的烫花白扇、整棕黑扇参加川北工艺品比赛获得甲等奖。1938 年，专营折扇的商号有 62 家，产折扇 500 多万把，远销印度、缅甸等国，产值约 130 万元。著名诗人谢无量曾写对联一副，赠予荣昌扇庄："海棠香国，新看画栋连云，占尽三巴风月；蛱蝶名工，制就齐纨拂暑，凉生两戎河山。"对荣昌折扇给予了很高的评价。1949 年后，

图 2-3-4 荣昌折扇生产现场

荣昌折扇不断改进创新，能制作 345 个品种的优质折扇。荣昌折扇以其典雅精致、美观实用而远近闻名，与苏、杭名扇鼎足而立。近年来，荣昌折扇行销国内，并出口日本、韩国、印度等亚洲国家。2008 年，荣昌折扇列入国家级非物质文化遗产保护名录。

二、荣昌八景吸人眼

清康熙、乾隆年间，荣昌的文人雅士点评境内的人文自然风光，评定了"荣昌八景"。这些景点，分布在昌元、吴家、盘龙、安富、仁义等地，在当时都是颇为知名的自然景观和人文景观，极具观赏价值。

古佛眠云：是指城南约 500 米处白象山之卧佛寺。该寺倚岩建成，树木蓊郁，水气蒸蔚。山顶有奎星楼，重檐叠出，看去像七层高楼，从楼底登上楼顶实际是三层。大殿依岩横建，正中为卧佛殿，塑佛祖释迦牟尼涅槃像。右为接引佛殿，接引佛手托莲花，全身直立，高丈余。左为燃灯古佛殿，燃灯古佛相貌俨然。

宝岩飞瀑：是指七宝岩，岩临濑溪，傍山建寺，主殿为观音殿，岩壁上有明代大小石刻诸佛像。佛像庄严，溪水碧绿，晴天时，岸上寺庙耸立于长天，水中倒影伸延溪底，溪水一片碧绿，寺影檐脊的花鸟小兽在水光中清晰可辨，颇为别致。大雨初过，山壑田亩诸水，沿山倾泻入溪，形成匹练，十分壮观。水珠飞溅，烟雾腾空，溪中倒影笼罩着一层薄纱，袅娜多姿。

棠堰飘香：天下人都知道海棠无香，而此处独有香，故以名堰。清同治《荣昌县志》载，在吴家铺，县北 60 千米，堰有香霏阁，阁下有香霏桥，故古名胜也。史书记载：昔有调昌州守者，求易便地，彭渊才知而止之，曰昌州佳境也。

图 2-3-5 鲜艳的海棠花

守问其故，曰：海棠无香，独产昌州者香，故号"海棠香国"，非佳境乎？

桃峰积翠：是指桃峰岭，又名"葛仙山"，在县东南，峰高镇境内，山上有桃树根从石头中长出，周围并无寸土。邑人相传古有仙翁遗桃核于此而生。宋代游人至此，赞曰：此岭露于众山之上，山色幽丽颇奇，此峰高也。

虹桥印月：在县南安富镇武城境内有一座虹桥，每当皓月升空，月影映照到桥下水中，波光粼粼，月影轻摇，天上、水中情境相似，却又各具风情，天、地、水三景相融，浑然一体，恍若人间仙境，

龙洞栖霞：县西北部的盘龙镇昌龙乡境内，有一九龙寺，清同治《荣昌县志》载：有九山周围环绕，势如盘龙。寺前有溪可供灌溉，溪流蜿蜒而上，有龙洞，视之莫测，其际，每夕阳返照，霞光灿然。

石航秋水：县西北仁义镇有一个三奇寺，以人奇、山奇、水奇而名。寺前远山横列如船，故名"石航秋水"，修三奇水库后，寺被淹没。

鸦屿仙棋：宋代棋坛高手李戡，故居在老鸦山鸭子池坝（今安富镇寨子山下）。年少时李戡在濑婆山（今鸦屿山）上读书，曾偶遇仙人对弈，他在一旁观战，感悟颇深，便拜仙人为师，苦学棋艺，最终成为宋代第一国手。宋人为纪念他，便把他在濑婆山上观战的石盘称为"仙人棋石"。

三、海棠香国引人醉

据清代《荣昌县志》记载，荣昌境内植物花卉有名的品种有海棠、牡丹、蜡梅、兰草等 43 个。特别是荣昌的香海棠，更是名满神州，为文人骚客津津乐道（图 2-3-5）。

　　宋代名士彭乘在《墨客挥犀》、惠洪在《冷斋夜话》，明代著名文学家曹学佺在《蜀中广记》、著名作家冯梦龙在《古今谈概》，以及众多省志、县志里，都曾记载这样一则史料："昔有调昌州守者，求易便地，彭渊才知而止之，曰昌州佳境也。守问其故，曰：海棠无香，独产昌州者香，故号'海棠香国'，非佳境乎？"这句话的大意是说：以前有一个人，被朝廷分配到昌州去做官，他认为昌州太偏远而不想去。他的朋友彭渊才问："昌州是个好地方，你怎么不去？"他反问彭渊才："为什么说它是个好地方？"彭渊才告诉他："天下的海棠都没有香气，唯独昌州种植的海棠香气扑鼻，难道不是一个好地方吗？"此言一出，昌州、荣昌的香海棠很快就名扬天下，因此世人雅称昌州、荣昌为"海棠香国"。

　　另外，宋代沈立的《海棠记》、历史地理学家王象之的《舆地纪胜》中均有类似的记载。所以，清代"棠堰飘香"成为荣昌八景之一，自然是在情理之中。清咸丰七年（公元1857年），荣昌教谕谢金元有《咏棠堰飘香诗》："地接巴渝据上游，棠香自古属昌州。新红屡乞春阴护，嫩绿徐看翠叶浮。百里芬芳风遍拂，一亭浓淡雨初收。坡公旧梦黄州寄，多少词人递唱酬。"国画大师张大千对香国海棠更是情有独钟。张大千是四川内江市人，与荣昌为近邻。他曾在其《花卉册页·海棠》画幅中题款说："我家与香国为邻，天下海棠无香，独吾蜀昌州有香，志称'海棠香国'，与吾邑接境。想到花时意便俏，长恨少陵无性，一生不解海棠骄。"他在旅居国外时，仍时时想到海棠花，曾经创作了一幅国画，就叫《海棠春睡图》，并题诗一首："锦绣果城忆旧游，昌州香梦接嘉州。卅年家国关忧乐，画里应嗟我白头。"如今，荣昌利用海棠文化资源，大力打造海棠文化项目，令人神往的"海棠香国"正在重现人间。

四、文化遗产让人骄

荣昌文化底蕴非常深厚，尤以非物质文化遗产引人瞩目。除了陶器、夏布、折扇等三个国家级非物质文化遗产项目以外，富于创新的荣昌人还创造了其他很多非物质文化遗产。河包的肉龙（图 2-3-6）、抬亭子戏，双河的寿诞礼仪、焰火架，路孔的缠丝拳、放河灯，峰高的家族祭祖仪式，昌元的肉莲花、折扇工艺、庆坛，盘龙的夏布织造、广东道场音乐、软龙，

图 2-3-6　河包"肉龙"

安富的火神祭祀、窑王祭祀、烧酒房酒制作、纸扎工艺，仁义的神像绘画艺术，铜鼓的骨雕工艺、民间铜鼓大王诞辰仪式，广顺的民俗尝新等，都具有浓厚的地方特色。至 2014 年底，荣昌有陶器制作技艺等 3 个国家级非物质文化遗产项目，有"尝新"等 13 个重庆市级非物质文化遗产项目。颜坤吉和陈子福分别被确定为夏布编织和折扇制造的国家级非物质文化遗产的传承人；罗天锡、梁先才、高明江等 16 人被确定为陶艺制作、民俗尝新等的重庆市级非物质文化遗产的传承人。另外，

还有角雕、黄凉粉等 35 项县级非物质文化遗产。

图 2-3-7 梦里水乡—万灵古镇

五、民俗风情令人迷

荣昌自古以来风光秀丽，民俗风情丰富迷人。早在唐宋时期，许多人就赞美荣昌是一个风情迷人、美丽富饶的地方，许多文人墨客都留下脍炙人口的诗篇。明代刑部尚书喻茂坚有诗咏荣昌："海棠香国开晴霭，步履逍遥踏翠微。青鸟往来鸣客至，黄鹂上下傍云飞。"清道光重庆知府王梦庚也有诗咏荣昌："鸿呼沙岸白，稻逼远山青。获喜晴阳曝，炎馋细雨零。"民国年间，著名的白屋诗人吴芳吉路过荣昌时，曾写下一首赞美荣昌自然风光、题为《施济桥》的诗篇："解缆下长堤，竹里见晨曦。桡头轻似剪，舟子小如匙。秋山紫屏障，秋水碧琉璃。山水光辉映，吾行御空飞。不觉两岸远，但来天香微。知是丛桂发，造物妙无亏……"把舟行沿途的风光景物写得惟妙惟肖，使人如临其境，流连忘返。今天，很多沉淀在历史之上的人文景观、优美风物越来越多。海棠公园四季林木茂盛，繁花似锦，风光优雅，其中的烈士陵园是荣昌区中小学革命传统教育、党史教育和廉政教育基地。岚峰森林保护区植被丰富，山峦起伏，山水辉映。东湖旅游区可荡舟，可垂钓，怡然自乐。三层岩绿海葱郁，登高远眺，浅丘如画，山水田园尽收眼底，是消夏之胜地。清流民俗风情小镇，特色明显，个性十足，引人入胜，是品味少数民族独特风情的不二选择。万灵古镇山水相依，云动水漾，古镇风情与田园风光相融，将游人带入慢生活状态（图 2-3-7）。花漾万灵、仁义薰衣草基地，盘龙客家方言岛等，其独特的民俗风情给游人留下美好记忆。

图 2-3-8 尔雅书院

六、英才辈出传美名

荣昌历史上孕育出了不少优秀儿女、文人雅士。明代中期刑部尚书喻茂坚，不但严惩贪官污吏，晚年辞官后还来到万灵古镇，创办了尔雅书院（图 2-3-8），"以诗书课后生"。明末刘时俊是诗歌世家，父子、父女能诗擅词，夫妇、妯娌亦善吟咏诗词，在当时很有名气。到了近现代更是英才辈出，不少荣昌儿女抒写了一曲又一曲荡气回肠之歌。辛亥革命时期蜀军都督张培爵，积极投身反清革命，参与发动重庆辛亥起义，最早建立了四川第一个省级政权——蜀军政府并被推任都督。他还大力推进四川之统一，在被推选为合并后的四川省都督后，又忧于国家、社会安定，甘愿将都督之位让出来。昌元镇人王麟团长，喋血腾县，在台儿庄战役中英勇牺牲。双河镇人荣增明、荣隆镇人潘鸿志，在重庆解放前夕血溅渣滓洞。抗日救亡运动号手柳乃夫，为实现自己的诺言而在山西茅津渡口光荣殉国。现当代，荣昌籍优秀人才更是不少，如：中央电视台高级编导、国家一级导演邓在军，原国家科委副主任、学部委员赵宗燠，著名党史专家李新，著名国画家陈子庄、屈义林，青年作曲家刘青、影视演员李晨浩等。

七、移民文化连古今

中国历史上的移民活动很多，而四川（包括重庆）大的移民活动至少有 5 次（有的专家认为多达 8 次），分别是在秦、西晋、北宋、元末明初、清初。荣昌陶的发展传承，离不开这些移民活动。

首先从清代以前的几次移民活动来看荣昌陶的发展。秦惠王灭古巴国之后，约有四五万中原和北方移民来到四川，与原著居民共同生活，其先进的制陶技艺，一定程度上推动了四川地区制陶业的发展。大秦王朝灭亡后，代之而起的西汉推行了休养生息政策，经济社会逐渐繁荣起来，陪葬之风也日益盛行，无论王公贵族，还是寻常百姓，都可以用陶器当作陪葬品。这一点，成都及周边地区发掘出来的大量汉代陶俑可以佐证。而在偏居内部腹地的荣昌，也迅速发展起来了陶器产业。20 世纪 70、80 年代以来，安富及周边的荣隆、古桥等地先后发掘出来一批汉代陶俑、陶灯和陶制畜禽。

图 2-3-9 古窑遗址

再来看北宋时期的移民对荣昌陶发展的影响。北宋初年，中原和北方的陕甘移民大量入川，先进的制陶技术融入当地，促进了陶瓷产业的发展和创新。安富刘家拱桥出土的宋代陶器，制作工艺水平高、釉色装饰技法独特，其中又以黑釉类最为鲜明。至今在刘家拱桥一带，仍可以挖掘出大量宋代陶器和陶片，其釉色丰富，可以想见当时的制釉技术已经比较成熟，而且烧制技艺比较娴熟。这些施釉陶器带有"唐三彩"的印迹。两宋时期，尤其是南宋成为荣昌陶历史上非常重要的兴盛时期，也可以说达到了鼎盛景象。

明末清初，是四川地区遭受战乱和自然灾害最严重的时期之一，因此才有了清康熙王朝开始的"湖广填四川"，这次移民主要来自于南方和东中部地区。在此之前的几次大移民活动，主要来自于北方和中原地区。关于"湖广填四川"移民活动对荣昌陶发展的影响，可以用很多事例来证明。这里略举二三例：

原国营荣昌陶器厂老工人肖德森自称为"垭山陶工"，他在《垭口志》中写道，其上九世祖于康熙二年（公元1663年），自湖北麻城迁永川黄瓜山冶陶，康熙四年迁到荣昌鸦屿山，来时发现大河湾（瓦子滩河畔）有甑子窑一孔，关帝庙有通烧窑（亦称龙窑）一孔，于是利用老窑烧陶货（图2-3-9）。

自此以下，其家世代制陶，肖德森之子肖文桓是荣昌陶的重庆市级代表性传承人，经营着安北陶瓷公司，还建有陶艺工作室。

重庆鸦屿陶瓷公司董事长梁先才家的《梁氏族谱》显示，祖籍广东长乐的梁家于清康熙年间开始，相继有人迁来隆昌、荣昌等地，尤其是迁居到安富垭口及附近地区的梁氏传人，凭借原有的制陶技艺，利用这里良好的自然资源和陶土资源，逐渐走上制陶之路。传到梁先才，已经是第 10 代了。梁先才是荣昌陶的重庆市级代表性传承人、重庆市工艺美术大师。

再以"湖广填四川"重要来源地之一的湖北麻城为例，说说移民活动对荣昌陶的影响。湖北麻城一带历史上产陶，早在新石器时代陶器生产就已经有一定规模。前些年发掘出来的栗山岗遗址和谢家墩遗址的出土文物主要有陶器和石器两大类，其中陶器有泥质磨光黑陶曲腹杯等多种器皿器型。在历史长河中，麻城一带的制陶业与"两湖两广"的广大地区相互整合、互相推动，实现了持续发展。麻城蔡家山窑位于歧亭古镇往西北方向 10 公里处，是一座据传始建于宋代的古窑，明代已经兴盛起来。该窑曾被誉为"湖北真陶"，是湖北古代三大名窑之一。因此我们可以说，从麻城过来的很多移民身怀制陶技艺，利用荣昌优质的陶土、燃料资源轻易地重操旧业，重新走上了发家兴业之路。"垭山陶工"肖德森的先祖可算其中一例。

关于移民活动对荣昌陶发展的影响，还可以用以下数据来说明。目前荣昌陶共有重庆市工艺美术大师 7 人（不包括外地入驻者）、重庆市级非物质文化遗产代表性传承人 6 人，具有这两种身份的有 3 人，分别是罗天锡、梁先才、钟鸣，他们均为移民后裔，其先祖都由广东迁居而来。另外 7 名重庆市级大师、传承人中，除毛建崇六七年前由湖南迁居于此外，其余 6 人都是"湖广填四川"移民后裔。因此可以说，今天的荣昌陶，是移民活动的重要结晶之一。

图 2-4-1　安富五里长街（2013年）

第四节　有关荣昌窑的传奇故事

在荣昌尤其是安富一带，流传着不少与陶、与古镇有关的动人故事。其中，最动人的无疑是陶泥由来和安富古镇的传说。

一、"陶观音"的传说

安富在清代建镇之初，是清东驿道的重要驿站，但因早些年的战乱，导致居民甚少，唯有草房几间。鸦屿河蜿蜒流过，虽风景秀美，却又萧条中带有几份肃杀之气。后乾隆至嘉庆年间，"湖广填四川"的移民大量迁入，这些移民为了叙乡情、议商事、祭先圣，陆续修建了南华宫、惠民宫、禹王宫、火神庙等庙宇。人们依傍着这些庙宇修房造屋、建商铺店堂，并以街为市，规模不断扩大，逐渐形成了五里长街（图 2-4-1）。

安富镇建成之初，街面只有两三米宽，街头、街尾分别设有上闸门和下闸门，每天晚上都会关闭，以防坏人进入。白天，街面上人流涌动，交易频繁，热闹异常，自是一幅活灵活现的"清明上河图"。到了晚上，街面安静下来，人们早早就寝，享受着"天上人间"的幸福日子，只有朝廷的"万年灯"在点点星光的夜色中闪烁。所谓"万年灯"，是指朝廷驿站高高悬挂的灯笼，无论晴空万里，还是风雨如骤，一

关于这个矿带和优质的陶土资源，还有一个产生于远古、与大禹治水相关的动人传说。相传帝尧时期，中原大地经常发生洪水，为防止洪水泛滥，保护农业生产，尧帝召集部落首领会议，征求治水高手来平息水害。大家推选鲧来治水，但鲧花了9年时间也没有把洪水治服，水灾反而闹得更厉害了。鲧因办事不力、治水无方被杀，鲧的儿子禹开始接受治水任务。禹改变父亲的做法，用开渠排水、疏通河道的办法，把洪水引到大海中去。传说为了支持禹治水，天神选派神龙玄龟给禹当助手。在玄龟的帮助下，治水任务进展顺利。玄龟用尾巴在地上划一下，就会成为一道河渠，然后玄龟背来的泥土抖在河渠两岸，两岸就会自动长成河堤。经过13年的努力，禹终于把洪水引到大海里去，降服了水魔。

据说当时禹新婚不久，为了治水，他到处奔波，多次经过自己的家门都没有进去。禹的故乡位于四川省绵阳市北川县的禹里沟，妻子涂山氏生下了儿子启，禹却一直没有时间回家看看妻儿。有一次，禹带着神龙玄龟去治水，又一次路过家门，听见儿子正在哇哇地哭，他很想进去抱一抱儿子，可又怕抱着儿子就走不了，最后还是狠下心来没有进去探望，悄悄地从家门口走了。但毕竟父子连心，走了一段路后，心里又十分牵挂，禹就站在路边扯了一团草来搓手上的泥，一不留神，草上的锯齿把手割伤了，血滴下来，落到玄龟背上，把玄龟背上的神泥浸湿了一大块，这块神泥后来就落在荣昌县安富镇。当时安富镇一带当时也是水患严重，民不聊生。玄龟背上的神泥落地生根，随水势自动生长，以阻拦水势，后来就长成为鸦屿山脉。所以，如今的鸦屿山沿线都是这种优质陶土，那些浸透了禹的鲜血的泥土就是现在的红泥；没有浸上鲜血的泥土，就是现在的白泥。

其实，红泥是由含铁量相对较高的陶土矿，白泥是由含铁量相对较低的高岭土。鸦屿山的优质陶土，是大自然馈赠给荣昌和安富的宝贵财富。几千年来，心灵手巧的荣昌和安富人民利用这种优质陶土生产了大量陶器，这就是荣昌陶（俗称"安陶"），在中国的工艺美术和人类文明发展史上，写下了浓墨重彩的一页。

三、"烧酒坊"的故事

清代以来，安富镇又称"烧酒坊"，只因当地盛产优质烈性白酒，最多时酒厂、酒坊近100家，更兼五里长街酒店、商铺鳞次栉比、醇香满街，可谓熙来攘往、繁盛一时。

"烧酒坊"的得名，还有另外一种看起来更真实、更有现实意义的说法。在苍松耸翠、崔嵬迷人的鸦屿山下，有一个叫"仙人桥"的地方，据说当年赶石大仙在此遗留了一块巨石，形似酒瓮，巨石中裂，一股山泉咕嘟咕嘟终年不息地冒出来。泉水清凉，细细品来，味纯略甜，下肚轻盈柔和。镇人取以酿酒，分外香冽，不仅广受当地人喜爱，也受到南来北往的商贾们欢迎，并带到外地销售，于是安富白酒日益闻名。时日既久，人们就把安富镇称为"烧酒坊"，有一个时期，安富镇反而不如"烧酒坊"有名气。

其实，绵延数十千米的鸦屿山脉，在安富境内因林木茂盛、植被良好，水源也颇为丰富，除非特别干旱年份，山上都有汩汩泉水流出来，有的泉眼从未干涸过。这些泉水质好味正，今人制成纯净水外销，或直接桶装外运，不作任何加工处理，荣昌县城和安富周边的城乡居民大多喜爱。用这种天然无污染的山泉水，与高粱等粮食相结合酿制而成的酒，自然是质好味正。大约30年前，安富辖区内一家酿酒企业未雨绸缪，

图 2-4-3 "烧酒房"酿酒车间
（2015 年）

抢先注册了"烧酒房"商标（当时人们对"烧酒坊""烧酒房"没有完全区分开来，经常混用）。2013 年，这家企业采取融资的办法，在安富古镇旁新征一片土地，建成了现代化的酿酒厂房（图 2-4-3）。如今，这家企业生产的"烧酒房"白酒系列，已经开始强有力地冲击当地白酒市场。可以预见，安富的"烧酒"在经历了一个短暂的沉寂期后，将以"旧瓶装新酒"的姿态，重新进入寻常百姓家中。而与天下闻名的荣昌陶（安陶）酒瓶相结合，甚或可以走向更大更广的市场。

"烧酒坊"的有名，其实并非全在于"烧酒"。清末民初，安富人抱团思想日益浓厚，逐渐形成了"烧帮"，并与荣昌县城的"城帮"分庭抗礼。尤其是受当时进步思潮影响，一批有所建树的"烧帮"人相继涌现出来，如辛亥革命的元老级人物郑英、余际唐，棠香中学（现安富中学）的创始人龙树芬，开智小学（现安富镇小学）的创始人"余三老嬷"等。这些人在那个时代，俨然成为了"烧酒坊"的代言人。时至今日，人们谈及安富，无人不知道这就是"烧酒坊"。

叹曰：鸦屿耸翠山色空，清泉一股入酒瓮。长街五里遮不住，香飘百年醉意浓。

四、古镇沉浮录

历史会在某个特定时期或特定环境下，不经意地拐弯，如同一个滑稽的玩笑。只是，玩笑过后，一切会重归于好，而历史的拐弯，会让人击节而叹。

20 世纪末期，在旧城改造的风起云涌中，安富政府顺时应势，很快拆掉位于古镇中心地带的禹王宫、南华宫、跃进门等古迹、古建筑和大批民居，建起了现代化的钢筋水泥楼房。在那个时期，这是很正常的事情，无可厚非。只是在今天很多文化、历史学者或爱好者看来，却是一件让人唏嘘嗟叹的遗憾之事。已经拆迁并完成了旧城改造的部分，正是安富古镇最精华所在。

幸运的是，当历史的车轮隆隆驶入 21 世纪之际，一个重要人物的到来，改变了安富古镇拆迁重建的发展轨迹。

2001 年 9 月 5 日，时任重庆市委书记的贺国强（后曾任中共中央政治局常委、中纪委书记）来荣昌视察工作，其中一个重要的视察点就是安富古镇（图 2-4-4）。有趣的是，贺国强书记首先看的是与安富水土相邻的四川省隆昌县李市镇，他在了解了该镇城镇建设、集市贸易等情况后，才正式视察安富镇。在安富镇期间，他非常关心"渝西第一镇"的建设，认真了解安富镇城镇规划、市场建设、产业发展及下一步设想。他对安富镇根据特有的陶文化资源优势，实施以陶都风貌集镇建设和陶文化旅游业为重点的陶文化产业工程表示赞赏。在安富镇老街的陶器市场，他饶有兴致地观赏着一件件陶器工艺品，向店主详细询问其销售情况。他说："安富的陶器市场很有特色，有一定规模，要进一步规范管理，提高档次，使陶器市场更具有吸引力和辐射力。"（图 2-4-5）

贺国强书记对安富古镇的保护表现出了浓厚的兴趣。他徒步走完安富镇老街并走进原四居委主任郭祖海家中，详细询问了安富古镇的历史后，对随行的市建委负责人说："安富镇老街很有保存价值，要派专家协助安富镇搞好规划设计，在旧城改造中保留一段老街进行修缮维护，展示老街古朴风韵，充分发挥其潜在的经济价值。"

正是这一句话改变了安富古镇，尤其是还没有拆迁的上、下街子的历史进程。自此之后，安富镇没有再拆迁其他老街，重庆市人民政府相继发文，明确安富古镇为重庆市级亟待抢

图 2-4-4 贺国强在安富古镇调研（2001 年）

图 2-4-5 贺国强调研安富陶器（2001 年）

图 2-5-1 安富兰草

救的传统风貌镇，火神庙片区为市级历史文化街区。

今天，作为荣昌陶器主产地的安富古镇，是川渝两地不可复制的明清古镇，其独特的人文历史魅力，正焕发出新的生机与活力。

第五节 有关荣昌窑的其他文化

时势造就英雄，史海成就文化。唐乾元元年（公元758年）昌州府设立，10年后，时任昌州太守的段建中因躲避战乱，在安富鸦屿山上设立"行州"，由此将鸦屿山和安富推入世人眼帘，并延续一千多年。在这些时光流逝中，历史一页页翻过，而积淀的文化日益深厚、文化元素也越来越多。今天，我们蓦然回首，为这些深厚、璀璨的文化因子和元素而自豪、自信。这种自豪和自信，正是发展荣昌陶文化旅游产业、建设以陶为主题的文化创意产业园的根基和动力源泉。

下面将简要对荣昌陶器主产地安富古镇的主要文化元素（陶文化、酒文化、古镇文化除外）进行介绍：

兰草文化：两千多年前，楚国大夫屈原以兰蕙为君子之饰，孔夫子赞兰花为"王者之香"。随后，兰草、兰花开始成为中国士大夫品行的象征，并与梅、竹、菊并称为"四君子"。安富古镇素来产兰（图2-5-1），安富人尤其爱兰，其中不少人成为了育兰高手和名家。更兼人迹罕至的鸦屿山中，不时发现珍稀之兰，由爱兰之人精心培育后，成为流传于世的名兰。其中，被朱德委员长呼为"隆昌素"的兰草即是如此。相传清朝末期，安富鸦屿山和南寺的一个和尚，在山上寻找、挖掘野生兰草的时候，偶然发现了一株花色素洁、香气扑鼻的兰草，于是移栽至庙中进行培植，再逐步发展到民间栽种。因此，有人把这种兰草称为"罗汉素"；又因其素雅高洁，十分惹人喜爱，还有人称为"素心兰"。20世纪60年代，一生热爱兰草的朱德委员长在四川省隆昌县、荣昌县视察期间，得到了一盆这种兰草，于是将之命名为"隆昌素"。据史料记载，20世纪60年代，"隆昌素"曾作为高雅圣洁的"使者"到过日本。1987年，"隆昌素"在第十二届世界兰花博览会上被评为世界名兰。上世纪末本世纪初，位于安富古镇下街子入场口的荣昌县兰协及其"渝西兰苑"基地横空出世，盛极一时。基地内有数千盆兰草，每盆价值从几百元到数十万元不等。据县"兰协"理事长介绍，在兰草市场空前繁荣的时期，"渝西兰苑"内的兰草总价值达到数亿元，真是弹丸之地富可敌国。如今，安富兰草的盛景虽然有所减弱，但爱好者们仍然栽种着大量兰草，寄寓着对幸福生活的无限期待。

图 2-5-2 依稀可辨的"万年灯碑"

　　驿站文化：清初，朝廷为加强对川东以下地区的管辖和治理，设立东驿道，并在饱经战乱的安富设立驿站。这是东驿道上的重要驿站，是出川的主要路口之一，因此可以说，历史上安富具有十分重要的战略区位优势和交通优势。火神庙内字迹斑驳的"万年灯碑"，依稀记载着安富作为重要驿站的史实（图2-5-2）。而一段时期内，安富被称为"万年灯"，也表述着这里确曾是重要的驿站。曾经高悬夜空的"万年灯"，就是那些南来北往的官差、商贾和旅人们的指路明灯。

　　辛亥文化：辛亥革命时期，安富涌现了郑英、余际唐等名将，郑英被称为护国运动的"民间首义"（云南蔡锷被称为"官方首义"）。当时，不少安富和荣昌的进步人士，加入到革命的洪流中，积极推动社会进步，其中不少有志男儿因此献出了宝贵的生命。1912 年初，当时的重庆蜀军政府和成都的四川大汉军政府在安富（时称"烧酒坊"）禹王宫成功举行南北会谈，实现了辛亥革命初期四川的统一；而时任重庆蜀军都督的张培爵因此谱写了一曲慷慨悲歌。也正是因为这一著名的历史事件，"烧酒坊"开始享誉巴渝大地和中国西南地区。

书院文化：清光绪三十二年（公元 1906 年），丹凤书院在安富创立，这是成渝公路沿线最早的私立书院之一。1927 年春，地方人士在丹凤书院的基础上建立荣昌私立棠香中学。1934 年，该校创办棠香农村银行，这是中国最早的校办银行，也是荣昌县第一家银行。20 世纪 30 年代，该校还十分注重对学生进行职业劳动教育，每周安排泥精劳作课两节，聘请专业技师郭士洪等教习陶知识，要求学生以能作碗、杯、匙、水盂、笔筒、画盘为标准，课后还要安排固定的陶业实习时间。民国时期，棠香中学曾是重庆最具影响力的四个中学之一。当时，学生们制作了大量的陶器作品，对推动荣昌窑发展起到了一定的积极作用（图 2-5-3）。1952 年，棠香中学更名为"荣昌二中"，1978 年更名为"荣昌安富中学"。目前，该校是重庆市重点中学。

图 2-5-3 安富中学的陶器展厅

尚学文化：历史上安富与荣昌县城可以媲美，尤其是清末至民国时期，因为与县城分据全县的东西两半部，因而和县城形成了两股势力，时人便把县城的势力称为"城帮"，把安富镇的势力称为"烧帮"。城里有县立中学和简易师范学校，烧酒坊便成立了私立棠香中学和私立开智小学，这两所学校分别是现安富中学和安富小学的前身。安富中学是重庆市重点特色中学校，安富小学是全国知名的"学雷锋"学校。城里有官办的银行，"烧酒坊"的棠香中学也办起了棠香银行。总之，城里有什么，"烧酒坊"就有什么。尤其是在教育上，安富和县城一度时期内分庭抗礼，甚至有水火不容之势。比如，县立中学校长如果是县城的人，安富的人必然千方百计取而代之。直到今天，安富的尚学文化仍然十分明显，除百年名校安富中学外，安富小学同样名声在外，是远近闻名的"学雷锋"先进单位，该校还在最近的十余年间，培养出了 10 名北大、清华学子。

图 2-5-4　安富古城墙上的"誓死抗日"

抗战文化：抗日战争时期，安富虽偏居大后方，但烽烟战火仍然深深地烙进了安富这块土地。时人杨光耀在火神庙外古城墙上奋笔疾书的"誓死抗日"，虽然已经过去了几十年，然而透过淋漓的墨汁仍可见到写作者当时的怒发冲冠和坚定决心（图 2-5-4）。安陶博物馆内保存的"双旗水壶""防空水壶"和"抗战到底"花瓶（图 2-5-5），都是安富人积极支持抗战、努力保家卫国的最好诠释和史实证明。而民间还广泛流传着辛亥名将郑英在抗日战争爆发后，希望杀敌救国的故事。赋闲在家、以开茶馆度日的郑英有感于民族大义，主动向曾经排挤、打击自己的蒋介石请缨，希望能够重披战袍。然而，郑英的"热脸"却碰上了蒋介石的"冷屁股"，愤懑而不得志的郑英无可奈何地写下了这样一副对联：廿年

图 2-5-5　"抗战到底"花瓶（20世纪 40 年代初）

图 2-5-7 祭祀窑王（2015 年）

戎马赋闲居初服依然惟有虚声传故里，十里贤侯推破贼荐书往矣决无消息到今朝，横批：还我河山。郑英虽然杀敌不成，但安富人的血性却由此可见一斑。

庙宇文化：历史上安富地区的庙宇很多，除古镇老街上的禹王宫、火神庙、惠民宫等 10 余个与移民有关的庙宇外，周边地区还有广华寺、徐家寺等，而最集中、影响也很大的当数鸦屿山上的庙宇。和南寺始建于何时，目前无从查考，清乾隆、雍正年间曾复建。寺内曾有一块由民国第一草书圣手于右任撰写的石碑，可惜今日已经找不到踪迹了，但出自清代一位举人吴宝森所撰写的对联至今仍然完好地雕刻在两根高达 4 米多的石柱上，右联为"华夏仰霆威想圣人震曹英烈"，左联为"全川无水患拟夫子拯汉狂澜"。同时，和南寺中至今仍然保存着的大量壁画，尤其显得珍贵，其中"担金上寺图"（图 2-5-6）堪称经典。今天已经看不到遗迹的莲花寺，曾是辛亥传奇将军余际唐的家庙，相传还接待过宋美龄等政治

图 2-5-6 和南寺的壁画"担金上寺图"

要人。祈园寺、二峨宫、新观音、三块石、普陀寺、龙洞寺等，都有着一段优美的传说，都曾经美丽地映照着安富这块寓意着安宁富裕的土地。

民俗文化：烧窑制陶、建窑厂、点窑火，甚至开窑门，要祭祀窑王、陶神，其仪式庄重而严谨，可以说是安富最有特色的民俗之一（图 2-5-7）。想当年，火神庙内那些膜拜

火神和陶神、祭祀先祖、祈求风调雨顺的活动，具有鲜明的地域性特色。从古镇的民居而言，虽然岁月更替、几经折腾，其初始风格已经有所改变，但总体布局还在，仍然是几进几出，内有天井，可观天象，可纳"四方之水（财）"。老街那些斑驳的标语、门牌、雕龙画凤，也还观照着民俗文化的许多影子和历史的沧桑感（图 2-5-8）。

美食文化：安富有不少名特小吃，不但当地人喜欢，很多品尝过这些美食的外地人，即便多年以后谈起，也会回味无穷地咂巴咂巴嘴唇。其中，最有名的当数老街的清真牛肉。全牛席，从牛头吃到牛尾，传统做法，百年老店，加上店主的传奇故事和善心仁义，令人叹为观止。街边小店的白砍兔，肉质细腻，调料独到；金灿灿的黄凉粉，加上精心配制的佐料，令人百吃不厌；热气腾腾的羊肉汤，即使是在炎热的夏天，喝起来也是爽口爽心……当然，还有细嫩的豆花、鲜香的兔丁、麻辣的鸡翅膀和爪子，以及鸦屿山上的农家小炒和土鸡汤等。

图 2-5-8 安富古镇的老店名

第三章

荣昌窑的生产工艺技术

　　荣昌陶器制作技艺精湛，传统工序至少有 20 多道，而且泥料质地精细，体形优美典雅，色彩绚丽光洁，装饰古朴大方，素有"红如枣，薄如纸，声如磬，亮如镜"的美誉。荣昌陶有粗陶和细陶之分，细陶又称为"泥精"，可以分为"泥精货"和"釉子货"。"泥精货"一般是素胎素烧，红泥胎质居多，也有白泥胎质，以及红泥、白泥按一定比例和方法结合而成为绞泥。又往往在红泥胎质上施白泥化妆土，经剔、刻、耙、堆等制作工序后烧制而成。"釉子货"是指上釉后烧制而成的陶产品。由于荣昌陶釉色丰富，且时常发生"窑变"，故此类产品不仅精美适用，而且广泛为世人喜爱。可以说，荣昌陶器不但具有很强的日用、家居装饰功能，还具有较高的收藏价值，集工艺、文化、美术、科学等价值于一体，实在是不可多得的民间工艺品和日用品，是荣昌乃至于重庆市一块不可复制的文化名片。

图 3-1-1 安富红泥检验报告
（2013 年）

图 3-1-2 安富白泥检验报告
（2013 年）

图 3-1-3 安富粗泥检验报告
（2013 年）

第一节 原料制作工艺

荣昌陶器之所以受世人青睐，主要得益于当地的陶土。在荣昌区境内，尤其是安富街道的陶土，不仅质量好，而且储量丰富，埋藏浅，地层稳定，极易开采。据勘测，目前荣昌区优质陶土共有 1.1 亿吨。沿着安富鸦屿山脉有一条长 25 千米、宽 2.5 千米~4.5 千米的陶土矿带，平均厚度 1.2 米，比重 2.65 吨／立方米。这一陶矿带，属于侏罗纪沉积黏土页岩，泥色为红、白色。

2013 年，荣昌安富街道在鸦屿山上取土，送了一份土壤样品到重庆市硅酸盐研究所，其检测结果有关情况如下：

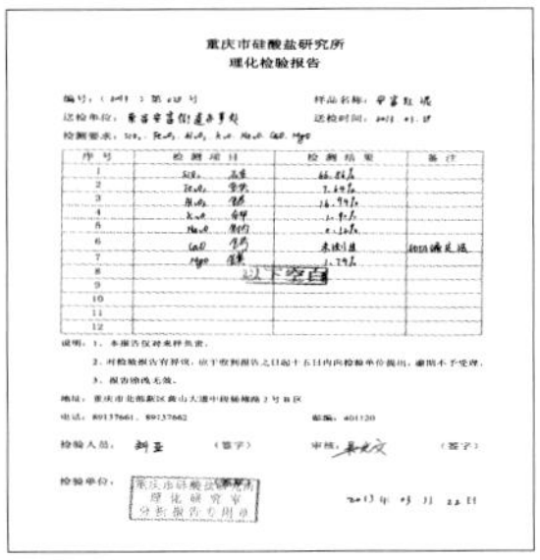

红泥（图 3-1-1）：原矿呈紫赭色，致密块状，略带蜡状光泽，泥质有细滑之感。红泥含二氧化硅 66.86%，三氧化二铝 16.94%，三氧化二铁 7.64%，同时含有氧化钙、氧化镁等。据实际经验显示，红泥烧失率约为 8.4%，烧成温度一般在 1150℃~1200℃之间，为露天开采。

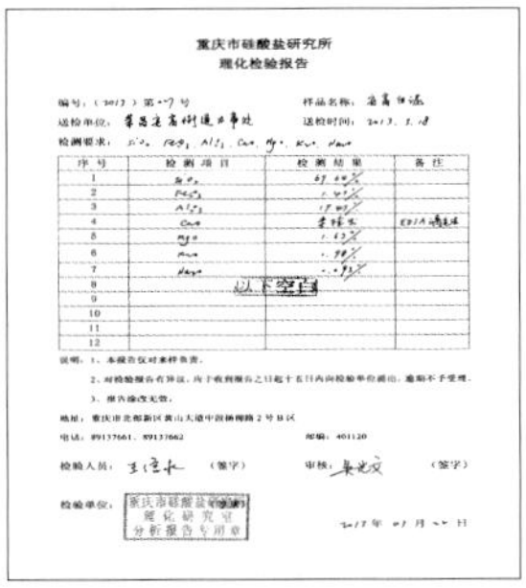

白泥（图 3-1-2）：原矿呈灰白色，致密块状，又称"煤层黏土"。白泥含二氧化硅 69.64%，三氧化二铝 19.47%，同时含有三氧化二铁、氧化钙、氧化镁等。据实际经验显示，白泥烧失率约为 6.4%，烧结温度一般在 1200℃~1270℃之间，为井下开采。

粗泥（图 3-1-3）：原矿主要呈紫赭色，颗粒较粗，质感较重。含二氧化硅 65.66%，三氧化二铝 19.03%，三氧化二铁 5.14%，同时含有氧化钠、氧化镁、氧化钾等。据实际经验显示，粗泥烧结温度可在 1100℃左右，为露天开采。

上述矿泥用于制陶，具有可塑性好、烧结范围较宽等特点，因而适于各种成型方法，不经配方，仅单一原料，就可以制作各种坛罐等日用器皿。由于红、白泥藏量很大，尤以红泥极其丰富，开采简便，这不能不说是荣昌陶器发展的一个重要因素。

图 3-1-4　碾泥（2002 年）

有人将荣昌窑所用的陶泥分为岩泥和耳泥。岩泥，有紫岩泥和红岩泥。红岩泥色红，成块状，产于离地层表面 70 厘米~120 厘米的杂土下层，性质较其他耳泥碎，藏量丰富，易开采。紫岩泥色淡红，较红岩泥含水分多，原矿开采时成团形。耳泥，以色彩分红黄白三种，俗名"肉泥"，矿的分布形态有遍山性和层岩性两种。红、黄耳泥易开采，白耳泥则较困难。当然，也有人将陶泥按用处来分，分为粗陶用泥和细陶用泥。细陶常用红岩泥、白岩泥、红耳泥和白耳泥、紫岩泥，而粗陶多用黄耳泥及黄耳泥混合其他岩泥使用。目前，这种泥料分类方法极少被人提及。因此，本文采用颜色分类法，即将制陶原料分为红泥、白泥。

如何将陶矿原料制作成陶泥？在传统的荣昌窑产品生产中，这是一个比较复杂的过程。从工序的角度讲，主要有选泥、晒泥、碾泥、搅泥、过浆、踩泥、揉泥等。

首先，选好陶矿（硅酸盐黏土），将其挖出，边挖边选，将矿泥中大小杂物和石块选出，再肩挑背驮或用牛马运回，刨平晒于露天坝中，经过一月至数月不等的日晒雨淋，待其自然风化。然后将风化的矿泥用石碾子来回碾轧，直到将矿泥碾细为止（图 3-1-4）。在这个过程中，也要注意剔出杂质、草根等。随后，将碾细的黏土放入大水缸（或大水池）中，加入适量清水，用木棍对这些含水黏土进行反复搅拌，搅成

图 3-1-5 踩泥（2002 年）

图 3-1-6 揉泥

浆糊状。将浆糊状的黏土舀出倒入细筛子中过滤，存放于另一大缸中，待 2~4 天泥浆澄清后，将清水倒出，用缸中 50 厘米至 60 厘米以上的细土做细陶泥坯。这个工序有时可能要重复几次，以保证原料细腻无杂质。如果使用大水池制作陶泥，或陶泥量大，就得使用"踩泥"方法（图 3-1-5）。然后，就是"晾"的工序，将糊状稀泥置于干净的坝中，自然蒸掉泥中部分水分，但要注意保持湿度。最后，搬起泥团，反复揉五六次或更多（图 3-1-6），以加强泥土的密度，不使泥中存有小气泡。此工序做出来的陶泥，特别适合做细陶，即传统工艺美术陶、家居日用陶等。

当然，这种制泥方法简单易行，但劳动强度大，产量小，费时费力，因此是一种比较落后的方式，仅适用于个体劳动者使用，被历史淘汰是再自然不过的事情。1972 年，荣昌陶器厂的工人们大胆革新，创制了"打浆机"，将红泥矿强行打成泥浆，经除砂后，在沉淀池中沉淀浓缩。如制注浆料，将浓缩泥浆，送车间加水稀释，以供使用。可塑泥料则经压滤脱水，真空练泥后，即可用于可塑成型。白泥处理则有所不同。为避免在打浆机中带入铁质，影响白度，所以是在球磨机中磨细后，再经淘洗除砂和脱水处理。

上述制作、淘洗工艺，在我国古老的制陶技术中就已采用，而荣昌细陶继承了我国的这种传统工艺技术，使粗泥变成细泥，成为有别于粗陶的泥精，使陶器生产产生了一个革命性的飞跃。

图 3-2-1 搅动拉坯车盘（2002
年）

第二节 荣昌陶产品成型工艺

荣昌陶传统意义上的成型，比较注重细节。其传统意义
上的成型制作工序主要有：揉泥、搅车、制坯及晾坯。揉泥
和搅车，其实质是制坯的序幕，是为手拉坯制作准备前提条件。
因此，本工序中最重要的就是制坯。

比如，在正式制坯前，先要将过滤或踩溶后的泥，取适
量的一块，在长木板上反复揉和，待制坯用。随后，将揉和
的泥做成圆状形，放置于制坯车中央，再搅动车盘快速飞转(图
3-2-1)，随车盘的转速上拉成型，按各类产品的要求制成各
种形状的泥坯。然后，将制好的泥坯转至阴凉通风处晾着，
待其自然变成灰白色。

图 3-2-2 手拉坯泡菜坛

这是荣昌陶器手拉坯成型。除此之外，还有很多种成型
工艺，比如开片、注浆、机压、印坯等方法，不过传统意义
上的成型工艺，还是古老的手拉坯法最具特色，也是荣昌陶
得以名扬四海、曾经大量出口的法宝。

一、手拉坯制作

将揉好的陶泥放置在辘轳车盘上，使之旋转时用水浇泥，
进行手工操作，然后用铁皮角质工具"出光"。在泥体干到
一定程度时，就需要刷红、白泥浆及各种纹饰，然后刻花。
制作的器物器型规整，厚薄一致，适合坛、碗、瓶、盏、罐
等圆形器物的造型，其中以泡菜坛手拉坯成型为经典之作（图
3-2-2）。手拉坯制作陶器工序分揉泥、抱泥团、开坯、拉筒身、

扩坯肚、修筒口、割底座等 7 个，之后还有修坯、抛光等（图
3-2-3）。制作时需得凝神聚气，心无杂念，才能做到心手合
一，一气呵成。

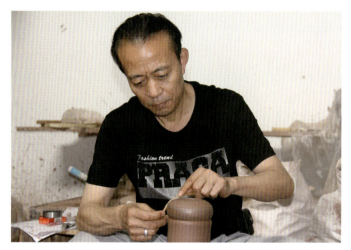

图 3-2-3 修坯

　　荣昌陶手拉坯成型是荣昌陶制作中最重要的阶段之一。
荣昌陶之所以能够名扬四海，受到国内外消费者喜爱，手拉
坯成型是重要原因。由于泥料性能好，可塑性强，陶工们的
技艺高超，利用简单的地辘轳，就能随意制作各种精致优美、
富于变化的产品。这些产品大多是日用器皿如坛、罐、瓶之
类的器型，一般都具有胴身饱满、底足较小、肩颈多变化的
共同特征。各部分之间又衔接得匀称自然，曲线变化精妙恰当，
给人以十分灵巧的感觉。20 世纪 60 年代至 80 年代，荣昌陶
向国家提供的出国展品、小批的出口器皿等，都是手工成型。
新中国成立初期，地辘轳由人工搅动旋转，这不仅费力，而
且制作过程中容易受力不均匀，影响产品成型。1976 年，荣
昌陶器厂技师们进行大胆创新，将手摇脚蹬的地辘轳改为电
动摩擦传动辘轳。新式辘轳结构简单，造价低，耗电省，能
在一定的范围内达到简单的无级变速，既适应传统的操作习

惯，又大大改善了劳动条件，提高了工效。

二、注浆成型

图 3-2-4 注浆成型

注浆成型是基于多孔石膏模具能够吸收水分的物理特性，将陶瓷粉料配成具有流动性的泥浆，然后注入多孔石膏模具内（图 3-2-4），水分在被模具（石膏）吸入后便形成了具有一定厚度的均匀泥层，脱水干燥过程中同时形成具有一定强度的坯体。这种方法，首先要用泥土制成各种坯型，再用石膏翻成模型，才能进入注浆工序。这个过程大体有三个阶段：泥浆注入石膏模具后，渐渐地泥浆中的水分被吸收。当然，首先是靠近模壁的泥浆中的水分被吸收，泥浆中的颗粒开始靠近，形成最初的薄泥层。随后，泥浆的水分进一步被吸收，最初的薄泥层逐渐变厚。当泥层厚度达到注件厚度时，就形成雏坯。最后，雏坯开始收缩，表面的水分开始蒸发，待雏坯干燥形成具有一定强度的生坯后，脱模即完成注浆成型。

图 3-2-5 注浆生产酒瓶

注浆成型法较为简单，能够制出复杂外形和大型薄壁注件，而且成型技术容易掌握，生产成本比较低，更重要的是，坯体结构也比较均匀，因此特别适用于大批量生产。同时，石膏模具也可以进行装饰，从而在注浆成型中，制作出各种纹饰、人物和动物。但是，这种方法也存在一些缺点，比如劳动强度大，操作工序多，生产周期长，模具损耗大等。至今，这种成型方法广泛应用于批量化的酒瓶生产（图 3-2-5），一些市场需求量比较大的小件旅游纪念品、工艺品也比较适用。

三、机械成型

用揉和均匀、干湿适度的泥土，纳入模型内压成坯型，交制坯环节进行修坯，以及配制器型其他部位，再加工纹饰。

图 3-3-1 刻花

图 3-3-2 刻（剔）花陶器

一、刻花法

在半干陶坯适当部位施以化妆土，待其干燥到一定程度，按照图案结构的纹样分布，用带有刻刀的铁钎在化妆土上刻出细部，剔除与纹样无关的化妆土，即形成具有荣昌代表性的装饰法（图 3-3-1）。这种技法往往是先在红泥坯体上施以白泥，或白泥坯体上施以红泥，然后通过刻花、雕剔，去掉多余的化妆土，从而形成白泥坯体的白地赭花，或红泥坯体的赭地白花，以及红白泥混合坯体上施白泥化妆土形成的金黄地白花等图案，对比鲜明而色彩柔和。如果再施以光润的透明釉，其产品更显得晶莹光泽，分外可爱。也可以不施釉，这种素烧产品，色泽自然优美，给人以朴实、淡雅之感（图 3-3-2）。这是荣昌窑有别于其他窑口的独特风格之一。

二、点画花法

将有色泥浆用毛笔在陶坯上画出图案的一种釉下装饰（图 3-3-3）。此泥浆以白泥为牙白色，红泥为紫赭色，红白混合泥为金黄色，瓷泥为乳白色，在瓷泥中加以不同色料则分别

图 3-3-3 仿清代点花提梁壶（2013 年）

形成墨绿、果绿等色，在白泥中加入土子（一种贫铁矿）来画花，则成为所谓的"铁锈花"。在点画中，运用着笔轻重，泥浆厚薄，则可获得浓淡变化，色彩的呼应。这种富有写意的图画手法，不但具有浓厚的民族特色，而且操作方便，工效较高，是荣昌细陶主要的传统装饰方法之一。

图 3-3-4 剪纸贴花陶器（20 世纪 50 年代）

三、剪纸贴花法

这是在刻花基础上发展起来的一种装饰方法（图 3-3-4），其操作方法是：将刻成的花纸，贴于坯上再浸涂上化妆土，待化妆土稍干后，撕去花纸，纹样即显现出来，再配以适当的刻花，便可获得所需的图案花纹。此法简单，技术要求不高，图案易于统一，如狮舞坛、出口包装鸡、鱼、羊罐，就是此例。

四、钧釉贴花法

这是 20 世纪 80 年代，荣昌陶器厂的技师们在剪纸贴花技法的基础上进一步发展出来的一种装饰技法（图 3-3-5），主要适用于罐、壶型器皿。即按剪纸贴花方法，在底釉上形成剪纸图案，在完成剪纸贴花图案后，再施以面釉。烧成后，

图 3-3-5 钧釉贴花壶（20 世纪 80 年代）

图 3-3-6 粑花罐（20 世纪 50 年代）

图 3-3-7 刻字茶盅（2016 年）

图 3-3-8 釉画瓷器（20 世纪 30 年代）

则在金酱或墨绿的斑花色地中，映出爽快的浅色纹样，显得新颖别致，别具一格。这种方法类似于吉州窑传统的剪纸贴印技法，但又有了很大的发展和提高。

五、粑花法

是用含水较低的化妆土，于陶质模具中，用槌打压制成浮雕纹样，贴于坯体表面，然后再根据坛罐特点，施以各种釉色，突出装饰纹样，具有一定的立体感觉（图 3-3-6）。如粑花和刻花结合使用的传统产品"鹿鹤同春酒坛"和"粑花西绿釉花瓶"等，就是很好的例子。

六、刁填法

是指在成型、打磨后的陶坯上，用铁钎刻画花纹（图 3-3-7）。这种方法有点类似于刻花法，但刁填法主要适用于没有化妆土的器皿。刁后的陶坯，形成凹形图案，此时可以直接烧制成作品。这种方法与宜兴窑有一定的相同之处。如果此时在凹槽里填上化妆土，或色釉泥料，从而完成刁填工序，再入窑烧制成作品，则为完整的刁填工序。这种方法与建水窑的一些做法有些类似，只是这种方法在荣昌窑产品中并非常见。

七、釉画法

是用色釉绘制图案的一种装饰法（图 3-3-8）。荣昌细陶中常用钧釉、朱砂釉为彩绘色釉。此法常用于挂盘和较大的花瓶装饰。

除上述几种主要装饰方法外，尚有镂空雕塑、喷釉、色釉等方法。而色釉装饰乃是形成荣昌细陶装饰风格的另一个重要组成部分，其色釉品种、装饰效果等，在本章另一节中再叙述。镂空雕塑相对于前面一些技法，则是另外的一个特色。在荣昌窑的技师中，这方面的人才并不多，相对于刻花、耙堆等而言，属于珍稀类，但其成功作品则更显得珍贵。如荣昌陶博物馆展出的"镂空凤瓶"（图 3-3-9），高 26 厘米，肚腹直径 16 厘米，口径 11 厘米，是民国时期的作品。

图 3-3-9 镂空凤瓶（20 世纪 70 年代）

总体上看，荣昌窑的装饰风格应该是继承了我国唐宋以来，特别是宋代磁州窑的优良传统，以其"铁线刻花，刚柔并用、线条流利、粗犷古朴"的风格而著称。1949 年以来，不但保持了这种传统的刻花技法，而且发展了各色艺术釉装饰，以及画花、贴花，或贴花与刻花相结合等方法，从而丰富了表现手法。客观地说，这些装饰技法是运用了最洗炼的艺术语言，而且在装饰部位的处理上，也别具匠心，力求花较少的笔墨，用最简练的手法，取得较高的艺术效果，从而形成了荣昌窑产品在装饰风格上的一个明显特色。

这里试举一例：卷草泡菜坛（图 3-3-10）。根据菜坛的不同部位特点，配以线条和图案装饰，在坛盖上和颈圈部分，刻以简单的犬齿纹，既衬托坛身的装饰，又给人以丰富的感觉。

图 3-3-10 卷草泡菜坛（20 世纪 80 年代）

同样目的，在坛身下边车上几条线，使之主次分明、稳重而不单调。将卷草纹样装饰在坛身的肩部至腹部最显见之丰满处，以突出主题。卷草纹是唐宋传统纹样中多见的一种图案结构，但荣昌之卷草纹是在原"乱卷草""小卷草"的基础上，不断地加工提炼而成的。这种卷草纹变化巧妙，花纹清晰突出，茎叶自然优美，线条流畅，豪放泼辣，气势生动有力，而不拘泥于一枝一叶的细节刻划规律性较强，结构紧密，完全是达到了"一笔不可多，一笔不可少"的境界，具有强烈的民族风味。

第四节　产品施釉工艺

荣昌陶器作品装饰技法中，另一种最有特色的便是色釉装饰。根据各种产品的类型，施上所需的釉色，阴干后便成半成品。

荣昌陶器以荣昌独特的紫砂类红、白色陶土烧成，产品按胎质精细度分粗、细陶两大类。粗者，多为大众化的罐、缸、坛、盆、钵等日用陶，以花盆（特别是堆花龙纹花盆）具有代表性；细者，素烧的称"泥精货"，上釉的称"釉子货"，多为工艺陶和日用陶，以泡菜坛、花瓶、罐、茶壶、文房用品等著称，是荣昌陶器的精髓。荣昌陶器的艺术之美更多地体现在釉陶上面，是泥、釉、水、火的相互融合。泥为骨、水火为魂，釉就如同陶器的肌肤一样，自然而然地成了陶艺最富表现力的语言。

陶器上釉，在荣昌陶器上是非常普遍的，主要是一直沿袭唐、宋以来的色釉装饰工艺，发展出各种釉色。品种有当地特有的天然红釉、黄釉、绿釉、黑釉、砂金釉、朱砂釉、天目釉、西绿釉、红钧釉、紫钧釉、乌金釉等，鼎盛时达100多种，其中最具代表性的是砂金釉、朱砂釉和西绿釉。除此之外，其他各种釉色丰富多彩，在烧制时随温度变化、烧制方式不同，产生"窑变"，釉色又有了意想不到的万千变化。

图 3-4-1 天目釉盏（宋代）

在不同的历史时期，荣昌陶器的色釉是有区别的，并非完全一致，而是在传承中创新，在创新中发展。比如，早在宋代时期荣昌陶器的色釉就已经非常发达。宋元时期盛行孔雀蓝釉、天目釉（图3-4-1），属于传统工艺，造型上主要以人物和动物为主，形象生动优美；装饰纹样主要是卷草纹，这与当时文人画的盛行是密切联系的，这也是荣昌陶器一直流传至今的特点。到了明清时期，色釉退居其后，开始盛行耙花刻花，在陶器上出现大量的缠枝纹，这和当时花鸟画的流行是有很大的联系的。

到了近代，荣昌陶釉又有了新的发展。有人这样描述近代荣昌陶釉的起源：肖赞秀引入红丹釉，不久引入西绿釉；唐么师自外地学成归来引入朱砂釉，杨登云从彭县桂花场引入西绿釉；1930年，陶工艺人创作白釉点等。1934年12月，《四川月报》五卷六期所载《荣昌烧酒房之陶业》一文谈道："清末有省外来川陶业家戚某始制造色釉流传该地，于是乃有朱砂、西绿、黄丹、白玉釉各色出现。"

20世纪50年代至70年代，荣昌陶器持续发展，开始结合当代工艺技术，盛产花釉，产品以日用陶为主。其中，泡菜坛整体比例协调，形式美观，造型结构符合泡菜需要，具有良好功能，是最著名的荣昌陶产品。另外，还有罐、坛、壶、瓶等。装饰以化妆土刻花和色釉为特点，其中化妆土刻花有

图 3-4-2　蘸釉工艺（2002 年）

刻线和剔花等多种，纹饰质朴自然。这个时期的陶器，无论是否上釉，均受到广泛欢迎，产品远销东南亚及欧美 30 多个国家和地区。

由此可见，荣昌陶器色釉，既有传统意义上的自身发展，又受外地影响，并能结合本地泥料的性质，吸收瓷釉经验，逐步形成自己的特色。特别是荣昌曾经特有的几个釉种，如朱砂釉、砂金釉等，都是比较珍稀的。朱砂釉是荣昌特有的红釉，具有独特的地方风格，在国内享有很高的声誉，素为人们珍视。砂金釉是高档釉种，在烧制过程中结成小结晶，结晶亮度高，这就是所谓的砂金。这些釉种的作品不多，因此比较珍贵。

下面分两部分来介绍荣昌窑色釉工艺有关情况。

首先，关于施釉工艺。

施釉，也就是通常说的"上釉"，是陶器制作工艺技术的一种，其主要作用是防止渗漏和装饰陶器，使之更加实用、富有美感。根据产品的类型、形状、厚薄等，选取所需的釉色，采用相应的施釉方法。一般中小型的陶品直接用手拿在装釉的缸中反复翻动，待釉附着在陶品上以后，再拿出晾干；大型的陶品则需用毛刷、棕刷上釉，然后阴干，干后便成半成品，这就是施釉工艺的工序。总的来说，荣昌陶器的传统施釉工艺主要有以下几种：

一、浸釉

又称蘸釉，是陶瓷施釉传统技法之一（图 3-4-2）。在进行浸釉操作时，将坯体浸入釉中片刻后取出，利用坯的吸水性使釉浆附着于坯上。釉层厚度由坯的吸水性、釉浆浓度、浸渍时间进行控制。此法适用于厚胎坯体及杯碗类制品施外釉，多为一个人独自操作。陶坯内部施釉一般采用荡釉，亦属于浸釉的一种。即把釉浆注入坯体内部，然后将坯体上下左右施荡，使釉浆布满坯体，再倾倒出多余的釉浆，随后坯体继续回转，使器口不留残釉。有一次荡釉的，也有两次的，但不能多过两次，否则容易产生气泡。这种方法适用于制作樽、壶、瓶等小而腹深的产品。

二、点画花

是指用软毛笔蘸上各种色釉在陶坯表面进行描绘。具体方法在上一节中已有叙述。点画花施釉，有画人物的，也有画花鸟鱼虫的（图3-4-3），在宋元时期特别盛行。在点画中，因着笔轻重、泥浆厚薄，会有浓淡的变化，具有浓厚的民族特色。

三、其他施釉方法

一是刷釉。即用软毛刷蘸上釉浆刷于陶坯表面，大、中、小型陶坯均可采用此法。二是吹釉。此法亦属荣昌陶器的传

图3-4-3 点画花瓷器（20世纪30年代）

统施釉法，即用竹筒蒙上细纱，蘸釉后用口吹于器上，视陶坯大小可重复操作3~18遍。三是浇釉法。这是制作大型器物的一种施釉技法，分为手工操作和浇釉机操作。手工操作，是在盆或钵上架一木板，陶坯置于木板上，用勺取釉浆泼浇器物。浇釉机操作，是将坯件置于旋转的机头上，边转边浇釉，由于离心力的作用，使釉浆均匀附挂在坯上。盘碟类制品也多用此法。

其次，关于色釉分类。

荣昌窑传统产品中，主要分紫陶（素烧品，或称为"泥精货"）和釉陶（"釉子货"）两大类。"釉子货"是以各种色釉装饰烧成。传统色釉有朱砂釉、西绿釉、红丹釉、乳白釉，以及蓝、绿、黄、黑等几种。根据色釉特点又分为生铅釉（朱砂釉等）、玻璃釉（绿釉等）、石灰质釉（红矿釉）三类。这三类釉中，生铅釉使用最早，沿用时间最长，釉面光泽好，具有浓厚的地方色泽，对荣昌细陶风格形成起到重要作用，但多为民间日用品。

荣昌颜色釉配方

釉名	产地	呈色特征	配方（%）	烧成 气氛	烧成 温度	工艺要求
朱砂釉	荣昌	朱砂釉透明度强，流动性稍大，施于红泥坯体，烧后呈樱桃红色，施于白泥坯体，烧后呈浅灰色	红丹44.2 氧化锌1.8 黑锡粉31 硅石8 方解石1.8 白泥13.3	氧化	1140~1170	黑锡粉：用废合金锡，在铁锅中加热熔化，在冷却中捣碎，其外观呈灰黑色无粒粉末
黑釉	荣昌	系呈色较深的透明釉，施于红泥坯体，烧后呈蓝黑色；施于白泥坯体，烧后呈墨蓝色	红丹20 熔块38 氧化钴2 玻璃渣20 红泥20	氧化	1110~1170	熔块配方：长石27.7 硅石13 红丹18 方解石5.6 硼砂4.7
西绿釉	荣昌	系绿色透明釉，施于红泥坯体，烧烧后呈绿光褐色；施于白泥坯体，烧后呈翠绿色	红丹20 熔块17 氧化铜5 萤石31# 白釉35 白泥20	氧化	1150~1200	熔块烧成后，研磨时外加：白泥13 1$白釉配方：熔块4 黄锡粉5.8 硅石32.8 方解石8.2 白泥5.2
绿釉	荣昌	系乳浊状色釉，施于白泥坯体呈绿色	熔块10 氧化锌2 氧化铜4 萤石131# 白釉35 白泥5	氧化	1150~1200	黄锡粉：用废合金锡，加热至暗红色状态，使之氧化成黄色或黄绿色状物，在冷却中捣研粉末
黄釉	荣昌	金黄色透明釉，施于红泥坯体，呈深褐色；施于白泥坯体呈黄褐色	红丹10 熔块47 方解石4 长石13 铁粉9 红泥9	氧化	1100~1200	

	SiO2	Al2O3	Fe2O3	CaO	MgO	KNaO	灼减	合量
参考数据：红泥：	65.32	20.93	5.18	0.13	0.89	2.26	6.08	100.77
白泥：	65.75	21.32	2.25	0.13	1.07	2.38	6.25	99.15

一、朱砂釉

朱砂釉是荣昌特有的红釉，呈樱桃红色，是比较名贵的。荣昌朱砂釉在色调上与瓷用红釉有所不同，且配制简便，易于烧成。它的红色乃是铁的氧化，而别于红瓷之铜的还原。它具有独特的地方风格，在国内享有很高的声誉，素为人们珍视。传统的配方是：红丹 50%、黑锡粉 35%、白泥 15%，其显色原理是：$Pb_3O_4 \rightarrow 3PbO_4 + O_2 \uparrow$ 放出氧气，使釉从红泥坯中的铁呈高价的 Fe_2O_3 状态，并由锡之载色而显美丽的红色，同时生成锡的细小结晶，均匀地分散在釉中，形成所谓的朱砂，因以得名。常用于装饰花瓶、罐类产品。

荣昌陶博物馆收藏的朱砂宝珠坛（图 3-4-4），釉色呈樱桃红。在我国，曾为荣昌陶器因了这样的釉色而自豪。更令人称奇的是，这种独特的樱桃红色，往往含有多味中草药和本地红土的釉料，是在烧制过程中通过自然窑变形成的。荣昌陶博物馆前厅的朱砂釉大花瓶（图 3-4-5），高 1.6 米，是 1977 年为毛主席纪念堂而做的。当时做好之后，送了两个比这个更好的作品给四川省轻工厅。后来是否送到毛主席纪念堂，尚不得而知。但由此可知，当时朱砂釉确实很受世人喜爱。

二、砂金釉

砂金釉（也有人称之为"金砂釉"），是荣昌陶器具有一定的代表性釉种，属于高档釉种。其烧制有一点的难度，温度一般控制在 1250℃~1280℃，在烧制过程中结成小结晶，结晶亮度高。仿古双耳宽肩瓶（图 3-4-6），施金砂釉，是陶艺师刘大华设计、张俊德拉坯、司徒铸配釉的作品。其造型曲线优美，拉坯技艺高超，最值得赞叹的是它的釉色。金

图 3-4-4 朱砂宝珠坛（20 世纪 70 年代）

图 3-4-5 朱砂釉大花瓶（1977 年）

图 3-4-6 仿古双耳宽肩瓶（20 世纪 80 年代）

图3-4-7 金砂兔毫釉插瓶（20世纪80年代）

砂兔毫釉插瓶，也是一件稀世珍宝（图3-4-7）。这件器皿上既有高温釉，又有低温釉，而低温的兔毫釉形成飘逸的兔毛，栩栩如生，活灵活现，十分惹人喜爱。高温烧成的金砂，在强烈的灯光、日光照射下，金光闪闪，灿若星辰，动人心魄。这种兼具高温釉和低温釉于一体的陶器作品不多见，所以这件作品弥足珍贵。

三、钧釉

钧釉始于宋代河南禹县之钧窑，以绚丽多彩的窑变为其特点，故钧釉又称"花釉"。早期仿钧有江苏宜兴的宜钧、广东广窑的广钧、江西景德镇的花釉和炉钧。荣昌在1972年开始仿钧，经过几年的努力研制成功以铁为主要着色剂、在氧化焰条件下烧成的具有荣昌艺术风格的系列作品。在荣昌钧釉中，尤以蓝钧最具特色，在深蓝色中显现白斑花纹，因配方不同，其色可在鲜蓝、紫蓝、蓝绿之间变化。它的显色别于宜兴钧釉之铜、钴着色和山东淄博蓝色花釉中钛的作用，而近乎广东石湾的"蓝钧"，是一种铁的还原。在陶瓷发展史上，以铁着色的青釉，乃无不用还原焰烧成，然而在氧化焰烧成的荣昌陶器，能烧出蓝色的铁之还原色，而代替价高的钴着色，这不能不说在制釉技术上有了很大的进步。除蓝、绿钧釉外，尚有金酱、赭红、鳝黄、茄紫虎纹等各色钧釉，用以装饰各式坛、罐、茶具和动物雕塑，使罐类更加别致美观，动物雕塑尤显生动活泼。荣昌陶博物馆收藏的钧釉贴花壶（图3-4-8），把钧釉与贴花技术融为一体，制作技艺高超，令人惊叹。

四、黑釉

荣昌传统黑釉是以玻璃为基釉，土子（一种贫铁矿）为

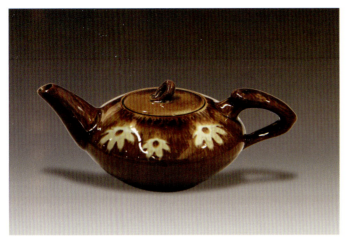

图 3-4-8 钧釉贴花壶（20 世纪 70 年代）

图 3-4-9 黑釉泡菜坛（20 世纪 80 年代）

着色剂配制的黑棕色釉，其稳定性、光泽度欠佳。特别是在煤窑中，釉面易产生金属氧化膜而失去光泽。20 世纪 80 年代，荣昌陶器厂对制釉工艺进行改进，改进后的黑釉以熔块釉为基釉，钴、铁为着色剂，新黑釉乌黑光亮，效果非常好。在此基础上发展了高光泽的电光黑釉、显流纹的流纹黑釉。黑釉常用于装饰花瓶、雕塑、罐类产品，泡菜坛也偶尔使用，效果独特（图 3-4-9）。这些黑釉在光亮、黑度，以及稳定性方面，都大大超过了历史水平。当时，陶艺师们还成功研制了白泥黑釉。

图 3-4-10 绿釉辣椒罐（20 世纪 80 年代）

五、绿釉

绿釉是以乳浊釉为基釉，以氧化铜为着色剂配制而成，其色因基釉的成分不同而有所变化。以透明铅釉为基釉配制的绿釉称西绿釉，在红坯上显泛绿光的褐色，而在白坯上显类似唐三彩之绿色。绿釉常用于装饰罐类产品。辣椒罐（图 3-4-10）是荣昌陶博物馆的又一件馆藏精品，由钟德江大师创作并获得全国金奖。辣椒罐上面是西绿釉，下面是朱砂釉。

体现了荣昌陶陶土细腻、胎薄质坚和朴实淡雅的特点。

六、乳白釉

传统的乳白釉是以玻璃为基釉，加入大量黄锡粉（40%）为乳浊剂，不仅光泽差、成本高，而且白度低，其配方很不合理。经陶艺师们改进后的乳白釉，是以熔块釉为基釉，加入大量硅石，降低黄锡粉（10%以下）用量，引入少量氧化锌、氧化钛为乳浊促进剂，改革了配方，提高了质量，使这一色釉变得光泽好白度高。该釉常用于陶器杯、盅、水盂等产品的内壁装饰（图3-4-11）。

图3-4-11 乳白釉绞泥陶杯（20世纪80年代）

七、仿铜釉

仿铜釉以类似金属铜的艺术效果为其特点，在国内也未见有类似的仿铜釉。仿铜釉在20世纪30至40年代就开始使用，宜用于装饰各类雕塑产品，曾小批量投产。仿铜釉飞马（图

3-4-12），为 20 世纪 70 至 80 年代作品，分上下两部分，上部分着重突出仿铜釉，带有历史的厚重感；下部分以黑釉为主，兼具仿铜色调；上下两部分色彩对比分明，具有浓郁的地方特色。20 世纪 80 年代，荣昌窑曾对这一釉种进行创新，并较多地使用这一釉种。

图 3-4-13 透明釉剔花瓶（20世纪 80 年代）

图 3-4-12 仿铜釉飞马（20 世纪 70 年代）

八、透明釉

传统的透明釉称"红丹釉"，是一种生铅釉，用红丹、柴灰、白泥配制而成，配方简单、光泽好，但含铅高、毒性大且成本高。1964 年研制成功低铅的硼铅熔块釉，取代了红丹釉，提高了质量，降低了成本，使该釉广泛用于花瓶、罐类产品的刻花、点画花装饰（图 3-4-13）。

九、红丹釉

这是一种易熔的生铅釉，始于两汉时期，在荣昌地区细陶产生后，才开始使用。其配方如下：红丹 20%，柴灰 25%，白泥 5%。该釉以光亮、透明、流动性好而著称，其釉配兑简便，因而沿用的时间较长。但是因为釉中之铅易于还原，稳定性差，釉面易产生金属氧化膜，影响光泽，而且硬度低，易被擦伤，其化学稳定性亦差，时间一久，光泽减弱。同时，该釉大量地使用红丹，不仅成本较高，施釉不方便，并且在操作中会产生有毒铅尘，如防尘不好，经呼吸道进入人体，就会引起慢性中毒，产生贫血、铅绞痛和铅中毒性肝炎等，严重危害工人的身体健康。即使经烧成后，此釉亦会有铅溶出现象，因而在1949年前此种材料只可做玩具，不能做食用具。1964年，荣昌窑淘汰了红丹釉，而以光润透明、稳定的熔块釉所代替。

十、熔块釉

熔块釉的配方如下：硅石 13%，长石 21.7%，方解石 5.6%，红丹 18%，硼砂 41.7%。该釉不但含铅少，成本低，而且釉中的铅是以硼酸铅、硅酸铅等玻璃形式而存在，使釉更趋稳定，在使用中不会产生"铅溶出"现象，可作罐内施釉，使釉具有更好的实用性。

随着现代科技的发展，色釉的种类和色彩日益增多，表现力也更加丰富。从某种程度上说，荣昌窑丰富多彩的釉种，曾经抒写了一段传奇历史。后来，这种历史一度中断。现在，新的科技和工艺，为荣昌陶器的色釉创作提供了更为有利的条件和想象空间。

第五节 产品烧制技艺

经装饰、干燥、施釉后的半成品，即可入窑烧成。烧成是陶器生产中的最后一道工序，并且是整个工艺中的关键。坯件在高温下，经过一系列物理化学反应，变成坚硬、致密、光亮的陶器制品，从而具有美好的外观效果和优良的使用性能。

"窑"字渊源于古代烧羊制佳肴的"穴"。中国是世界上使用窑炉生产硅酸盐制品最早的国家。约在公元前 3000 年，中国已有烧制陶器的穴窑。这种古老的窑已经是由燃烧室、窑室、火道，以及调节炉温用的大小不一的火眼所组成，烧成温度可达 1200° C 左右。

在历史的长河中，荣昌地区先后出现了许多种烧制陶器的窑。根据窑炉的形状来分，主要有龙窑、阶梯窑、方形窑、圆形窑等；按照制品的种类来分，主要有陶瓷窑、水泥窑、玻璃窑、砖瓦窑等；从火焰流动的特征来分，主要有横焰窑、升焰窑、倒焰窑、马蹄形焰窑等；按使用的燃料种类来分，主要有电窑、柴窑、煤窑、煤气窑（瓦斯窑）；根据物料输送方式，又可分为窑车窑、辊底窑、推板窑等。更为通用的是根据焙烧制品的物理状态、结合生产方式进行分类。当然，随着工业生产发展的需要，改进工艺、降低成本和提高产品质量成为荣昌窑的发展方向。19 世纪后期，荣昌地区开始陆续出现了连续生产的各类新型窑。尤其是近几十年来，荣昌窑的类型越来越多，根据使用燃料不同，主要有电窑、气窑、柴窑。这些窑的大小各不相同，造型也有一定的区别。小的电窑炉，容积只有 0.1 立方米，

图 3-5-1 龙窑（20 世纪 50 年代）

甚至更小。大的窑炉容积则可以达到 2 立方米以上。烧制酒瓶、酒缸的遂道窑，长的达到 100 米。

一、荣昌窑燃料发展情况

荣昌陶器早期是在以松柴为燃料的龙窑中烧成，龙窑又称"通行窑"，或"通烧窑"（图 3-5-1）。较大的龙窑有老窑、磨子窑、中兴窑等几座。窑身都是依山倾斜而建，整个窑长近 30 米，窑宽约 4 米，窑高 2.5 米。在窑身两侧每隔 4 米，分布有窑门 1 个，共 5 个，其烧成的产品，主要是粗陶和素烧及红丹釉细陶日用器。随着细陶生产的发展，民国初期，在附近碗窑的影响下，兴建了阶梯窑（图 3-5-2）。当时，在金竹山修建的阶梯窑，就已经有了相当的规模，有窑室 13 仓，窑长近 40 米，高约 4 米，宽约 3.5 米，与龙窑一样依山建造。在两侧墙上留有投柴孔，以便投柴烧成。由于阶梯窑比龙窑易于操作，发热利用较好，因而逐渐取代了龙窑。并以当地匣泥加黄砂制作匣钵代替了二钵（粗陶）套烧细陶，使之成为专烧各种施釉细陶的窑炉，因而亦称"釉子窑"。在各色釉陶中，以绿釉产品为多。

图 3-5-2 阶梯窑（2011 年）

用柴尤其是枫炭烧制陶器，有一个特别的工艺条件，那就是它的枫炭要选用本地上等的松树和青枫树为煅火料。安富街道位于重庆市西部，气候属亚热带季风性湿润气候，这种优越的地理环境使安富寨子山上的松树和青枫树油脂含量特别重，就连山上的马儿斯草和蕨草的含油量都非常高。

用柴烧制陶器，也讲究技艺，火候的掌握非常关键。烧制过程中，枫炭的油气在窑炉里慢慢地挥发，让窑中的陶坯（主要是红泥陶）慢慢地接受油火的熏陶和渗透，通过 20 多个小时到几天几夜，陶坯在窑室温度 1100℃~1180℃时，通体红亮的坯体吸收松柴的有机成分，达到坯体釉色（如天目釉、西绿釉、天目花釉、朱砂釉、钧红釉等）发生自然变化和窑变，所以很多陶器都比较油润和具有亮感。经验丰富的柴烧技师对于火候的掌握恰到好处，有时能烧制出意想不到的精品、孤品、绝品。比如，荣昌陶博物馆内收藏的"外素内釉笔洗"（图3-5-3），就是一件柴窑烧制出来的精品。该笔洗虽未盛水，却有水波微漾之感，又若一泓五彩清水，幻化多姿，令人惊艳。

木柴是国家的重要建筑材料，用作燃料实为可惜，而荣昌地区又盛产烟煤，且煤质较好，为改烧煤窑提供了极其有利的条件。1958 年，在"大跃进"的凯歌声中，实现用煤烧制细陶，建成了倒焰式方窑，为国家节约了大量的木材。当然，改烧柴为烧煤，使窑室里面的气氛发生变化，一段时期内使陶器烧成的釉色和窑变受到影响。但是不管怎样，由于使用煤烧成本低，而且能营造另外一种窑室氛围，即倒焰气氛。事实上，倒焰窑较龙窑、阶梯窑有许多优点，人们很快就普遍地采用倒焰窑来烧制陶器。为了进一步适应陶器生产的大发展，随着机械化程度的提高，逐步采用比较先进的烧成技术。1977 年，还建成了长达 70 米的隧道窑。

图 3-5-3 外素内釉笔洗（20 世纪 80 年代）

陶器的烧成，与瓷器差不多，其过程要经过水分蒸发、杂质的氧化分解，最后高温烧结几个阶段。整个烧成时间，随窑炉型式不同、大小不同以及装窑的疏密，而有所长短。在过去龙窑烧成时，要耗用 1200 斤硬炭，400 斤泡炭，近 5000 斤左右的松柴，烧成时间约 40 小时。在 60 立方米倒焰窑烧成中，需 24 小时，三班操作耗煤 7 吨左右。1976 年，采用快速烧成，在严格操作、保证质量的情况下，烧成时间缩短到 16 小时，改为两班制烧成且煤耗有所下降。

荣昌陶器在原料上及产品风格上，与瓷器截然不同。在烧成温度上较瓷器低，在整个烧成过程中，要求有良好的氧化气氛。比如，在煤烧倒焰窑的烧成中，块煤不容易一下子就达到充分发挥的燃烧，较难产生连续不断的氧化气氛，尤其是每次刚加煤时，往往是浓烟滚滚，火焰浑浊不清，过一会儿后，才逐渐转至氧化气氛。如当煤层烧得较厚，通风不良时，更是如此。因而，在烧成操作中，采用"薄煤勤添"的合理操作法，不仅可以降低煤耗，而且易于获得较好的氧化气氛，保证产品的烧成质量。

二、荣昌窑的组成

荣昌窑系统由供热、窑室、气体输送装置和传送物料设备等几部分组成。窑炉设有专门的燃烧室（或燃料在窑室内进行燃烧），以供应系统所需的热量。窑室是放置所焙烧的物料或制品的操作空间，以气体作为载热体进行气 – 固（或气 – 液）间的换热，因此兼有分配热量、进行化学反应，有时也有冷却产品的功能，这是完成煅烧工艺过程的主要场所。气体输送装置是提供助燃或冷却用空气及排送烟气，兼有调节压力、控制气氛的作用。另外，根据窑的类型不同，传送物料的设备也有所不同，如隧道窑用专门的窑车及推车机输送制品。

图 3-5-4 阶梯窑烧陶（2001 年）

三、荣昌陶器的烧成

荣昌陶器烧制的首要问题是窑型选择。窑型的选择主要根据产品品种、质量要求、生产规模、生产方式、原料、燃料供应以及资金情况，经过方案对比而选定。窑炉的烧成制度包括窑的升温速率、烧成温度、保温时间、窑内气氛、压力分布、传热速率、物料运动速度及停留时间、冷却速率等。烧成制度的波动，将直接影响到产品的产量和质量。荣昌窑长期以来，烧成制度都根据经验掌握（图 3-5-4）。随着科学技术的发展，目前荣昌窑有些窑炉已经按照选定的烧成制度，通过仪表和计算机自动控制其操作，以达到稳定生产和提高制品产量、质量的要求。

陶器烧制的过程十分重要，稍不注意就会前功尽弃。在陶器生产的各个环节中，就重要性来说，早有"一烧，二土，三制作"的说法。由此可见，烧窑是何等重要，是关键之关键。陶器生产上，一般的破损率及合格率大多数是在烧窑方面。由于烧窑的操作及烧成气氛不合理，造成破损而降低等级的产品百分率非常高。尤其是颜色釉的烧成，更要强调"烧窑"，颜色釉的烧成火焰性质、温度、烧成时间及燃料种类，对颜色的呈色变化有重要影响。有人说颜色釉的烧成是一门"火的艺术"，确有道理。要最后得到珍品，必须掌握烧窑的科学规律，闯过最后关键工序——烧窑。

传统的烧窑过程中，有几个事情非常重要。一是把握烧制温度。荣昌陶器烧制，要经过水分蒸发、杂质氧化分解、高温烧成三个阶段。烧成的温度一般在1100℃~1200℃之间，这比其他有些地方的陶器烧成温度高出许多，主要原因是泥料成分不同。正确掌握烧成温度，控制良好的氧化气氛，是非常重要的。二是正确添加燃料。烧制过程中，为达到良好的、连续不断的氧化气氛，就要掌握好烧制材料的输入，比如用煤，必须薄煤勤添；用柴，也要勤于添柴，不能堆起来烧。只有合理操作，才能保证产品的烧成质量。当然，现在陶器烧制，大多采用电和天然气，相对而言，烧制环境要好得多，烧制过程也比较简单，但同样要因陶土成分不同而掌握好火候。三是观火。为观察窑内陶产品烧制的好坏，烧窑工人用竹片从看火眼伸入窑内中央，竹片迅速燃烧，借燃烧之火光观看窑内产品的釉是否普遍熔化为亮色。四是开仓。所有的窑仓都烧完，冷却两天之后，才能打开窑门，将成品搬出窑仓。现在开仓一般是不用等这么久了，但必要的降温阶段还是必须有的。

这里有一个荣昌陶器厂快速烧成的试验。1975 年 10 月，荣昌陶器厂为进一步提高烧成速度，减少人工成本，节约烧成燃料，开始进行快速烧成的试验。到 1977 年元月，已烧了 30 个窑火（其间曾有近 1 年时间停止试验），从烧成时间、耗煤量、劳动力的使用、产品质量等方面，都收到了较好效果。烧成时间从点火到止火，原为 23 至 24 个小时，现为 15 至 16 个小时；原来是三班烧成，现为两班烧成，从而节约劳动力 18%；原来每窑耗煤 7 吨以上，现降低到 5.8 吨，最低到 5 吨，平均煤耗量降低 17% 以上，产品质量较为稳定。快速烧成是烧成技术上的重要改革，取得了初步成效。试验总结其基本规律为：①两头慢。从点火到 600℃的开始升温阶段，以及 900℃以后，均采取缓慢升温，升温速度为 30℃~40℃/小时，此阶段如升温过快，坯体会产生起泡、吃烟、黑心等缺陷，也可能出现"烧老"现象。②中间快。指在600℃~900℃阶段，采取适当均匀快速升温，升温速度100℃~140℃/小时。即从600℃起，采取两边同时对着添煤的方法，一般是5分钟加一次煤的方法，但根据"火净加煤"的原则，也采取4分钟或3分钟加一次煤。③升温均匀。整个烧成过程，无论是慢速升温或快速升温，升温都要均匀，要防止突变，使产品质量受到损失。④火要明净。即窑内要保持明亮、清净，存烟时间不要过长，尤其是在900℃以后更要注意。采取薄煤层，一般厚度在30厘米至40厘米左右，并做到三勤，即勤添、勤钩、勤清的方法，来保证产品在氧化焰气氛下烧成。⑤土洋结合。即用仪表同看火相结合来决定止火时间，防止"过火"和"欠火"现象。

荣昌陶器厂升温情况记录表

时间（小时）	温度（℃）	
	高火位	低火位
点火	20	20
1	50	40
2	90	70
3	160	130
4	250	190
5	340	260
6	430	340
7	520	430
8	580	520
9	720	620
10	820	720
11	910	810
12	950	850
13	980	890
14	1000	920
15	1030	960
16（停火）	1060	1040

第四章

荣昌窑的发展状况

　　岁月留痕。荣昌窑在历史的长河中，多次经历发展兴衰，尤其是在两汉之后的三国两晋南北朝，南宋末年元代初中期，以及明末清初，表现得最为明显。明末清初更是呈现出特别明显的断代和窑口分布区域转移现象。

第一节　不同时期的窑口分布

　　自汉代逐渐兴起并具有一定规模以来，荣昌窑主要分布在鸦屿山南麓及山下平坝地带，盘龙、铜鼓、荣隆等镇也曾经出现过烧窑制陶业，但不成规模和体系，为"单打独斗式"生产。因此，这里所说的窑口分布，主要还是指荣昌陶器主产区的安富古镇一带。

一、唐宋时期：刘家拱桥地区长盛不衰

　　鸦屿山南麓的平坝、开阔地带，地势平坦，溪河纵横，土地肥沃，气候温和，更有鸦屿山充足的林木、煤炭资源作

为保障，以及质优又便于开采的陶土，恰如一个"聚宝盆"。自汉代以来，这里烧窑制陶业经久不衰，一直比较兴旺发达。尤其是在唐代设立昌州府和昌元县之后，迎来了历史上的一个黄金时期。

命名"昌州窑"的陈丽琼教授认为，"昌州窑"位于安富镇大院村（今通安村）刘家拱桥，以刘家拱桥为中心，东有松树林窑，西有堰口屋基窑，东北有桂花屋基窑，西北有罗汉坟窑，各窑相距仅 2000 米左右。此窑址在 20 世纪 90 年代由荣昌文管所发现，随后因农耕生产，出土了不少陶瓷文物。当地和周边不少收藏爱好者也闻风而动，在那个时期悄然前往，或自己试掘，或用低价向农民收购。那个时期荣昌窑出土的不少唐宋以来的陶器文物，均流落民间。2005 年，重庆考古所经过试掘，探明此窑址始烧于北宋，终于明代。专家们把这一窑址，暂定名"瓷窑里古窑遗址群"。

当时，考古专家们在"瓷窑里古窑遗址群"发现窑场 4 个，即陈丽琼提到的罗汉坟窑址、堰口屋基窑址、桂花屋基窑址、松树林窑址。其中，①罗汉坟窑址，分布在罗汉坟山的南面缓坡上，面向开阔的小盆地，距桂花屋基及刘家拱桥约 300 米，东西为低缓山坡及民房。窑址分布范围为东西长 60 米，宽 15 米，面积约 900 平方米，堆积层厚度约为 1.6 ～ 1.8 米。地表可以见到散落的陶瓷器物及窑具残片。陶瓷器物主要有盏、碗、盘等，釉色以黑釉为主，有柿色釉、青白釉等。窑具有匣钵、垫托、垫饼、垫圈、支钉等。②堰口屋基窑址，与桂花屋基、松树林窑址隔河相望。窑址分布在峨眉山东侧坡地，紧邻刘家拱桥。窑址分布范围为南北长 50 米，东西宽约 12 米，面积约 600 平方米。地表可以见到散落陶瓷器物及窑具残片，与罗汉坟窑址的大体类似。③桂花屋基窑址，分布在翰林屋基山岭的西侧坡地上，地表有陶瓷器物及窑具残片。窑址分布范围为南北长约 200 米，东西宽 70 米，面积约 1.4 万平方米。堆积可分为两层：其中第一层为表土层，深 0.2 ～ 0.3 米；第二层为废弃堆积，厚约 2 米，包含红烧土、炭屑及陶瓷、窑具残片。

图 4-1-1　松树林遗址（2005 年）

　　当时，考古所对松树林窑址进行了初步的考古试掘（图 4-1-1）。该窑址位于安富街道原大院村 6 社，邻近刘家拱桥约 150 米，分布范围南北宽 40 米，东西长 45 米，面积约 1800 平方米。在地层堆积上，第一层为表土，深约 0.2 米，黄灰色，土质较松，内含有大量的植物根和窑具、陶瓷残片等。第二层为灰褐色，土质较松散，厚约 0.2~0.5 米，包含大量黑釉陶瓷及窑具残片。因窑塌陷严重，堆积物从塌陷处至窑底，包含有大量的陶瓷品和窑具残片（图 4-1-2）。陶瓷品釉色以黑釉为主，包括盏、碗、盘、碟、壶、瓶、碟形灯、缸等，另外还有匣钵、垫托、垫饼、垫圈、测温锥等窑具。经陶瓷考古专家鉴定，这些出土陶瓷，为宋代以来包括元、明时代烧制而成，其中又以宋代的居多，且主要位于下层。

　　对刘家拱桥古窑遗址的考古和试掘，证明了唐宋时期这一带是荣昌窑的主产区。当时，初步推定刘家拱桥古窑遗址群为 2 平方千米。2009 年，重庆市人民政府正式命名这个地区为市级文物保护单位，确定以刘家拱桥为中心的 2 平方千

图 4-1-2　出土的陶器和窑具残片（2005 年）

图 4-1-3　宋代馒头窑（2014 年）

米区域为"瓷窑里遗址"。

　　对荣昌窑的考古、发掘工作并没有结束。在随后将近 10 年时间里，重庆和外地的不少考古专家、文物爱好者、收藏爱好者等多次前来考察、探古、掘宝。

　　2014 年 10 月，重庆文化遗产研究院陶瓷考古队在国家文物局、重庆市文物局的支持下，在该院院长助理林必忠带领下，又两次来到刘家拱桥一带进行考古发掘。林必忠是考古界资深专家，四川大学历史系考古专业毕业生，是文博研究馆员，同时还兼任重庆市政协学习及文史委员会副主任、民革重庆市委文化建设与社会服务工作委员会主任。考古队历时两个多月，在刘家拱桥一带发掘了 400 平方米的古窑场遗址，而调查区域涉及鸦屿山南侧安富街道洗布潭河至广顺窑山坡一线，总面积近 3 平方千米。此次调查，新发现古窑遗址两处，并发现了这些遗址附件分布的露天煤场、陶土采集点。同时，发掘了石朝门窑址，鉴定为宋代馒头窑（图 4-1-3）。该窑虽小，但布局完整、窑身犹存，窑门、煤炭等都清晰可见。这是此次考古活动最显著的成绩之一。另一个显著成绩就是把瓷窑里遗址的面积从 10 年前确定的 2 平方千米，扩大到了 3 平方千米。

二、清代和民国：垭口地区日益发展

　　明末清初的长期战乱，刘家拱桥一带的陶业兴旺已经不复存在。一方面，人们逃难、逃荒，难以再在这个地方生存下去。另一方面，垭口一带处于深山之中，易于躲藏。尤其是清初"湖广填四川"移民的到来，在鸦屿山上，尤其是垭口一带发现了优质陶土和废弃的窑场，因而轻易地在这个地方烧窑制陶。

　　因此，从清初开始，荣昌窑的主产区由刘家拱桥转移到垭口一带。

在"湖广填四川"的移民大军中，有不少人原本烧陶。垭口制陶老艺人肖德森的九世祖，便是其中之一。此人利用鸦屿山上的废窑，重新走上了烧窑制陶的道路。肖德森在《垭口志》中记载，祖先从湖北麻城迁来，先是在永川黄瓜山以制陶为业，两年后迁来荣昌安富垭口，仍以烧陶为业。初来时，发现大河湾有甑子窑一孔，关帝庙侧有通烧窑一孔，于是就在这里办窑厂，直到乾隆元年停产后又新建中兴窑，即后来的荣昌陶器厂。中兴窑建于清乾隆元年（公元 1735 年），其特点是："19 个硬拱，能容粗陶，上架子货"（肖德森《垭口志》），可以烧制大型产品，如 500 斤以上的瓮子和大缸子。该窑每月可出 6 次窑货，有 30 多名工人，当时已经是比较大的窑场了（图 4-1-4）。

图 4-1-4　肖德森绘制的清代和民国时期垭口地区陶窑分布图

另据史料考证，清康熙年间，由楚入蜀的有陈、周二姓移民，他们有同锅同食之友谊，在原籍就已经掌握了陶艺技术，来到荣昌铜鼓山开办了一座窑场。乾隆初期，其后裔周世生、陈生权因铜鼓山"先人迁荣冶陶处"燃料缺乏，且发现安富鸦屿山泥土特别适合于制陶，于是迁至鸦屿山，佃丁姓土地开办了万顺窑。而这个时间段及以后的一个时期内，鸦屿山上的窑场不断兴办，比如，乾隆年间建成的向氏窑；嘉庆年间，彭玉棠开办下兴窑，周玉隆开办万利窑；咸丰年间，肖乾太之父开办中兴窑，万世宪开办万兴窑；光绪年间，周兴权、周兴富、卢荣兴、杨代洪、肖甲甲等五人合伙佃云峰寺和尚的土地开办了磨子窑，金竹山杨炳荣开办碗窑，以及其他的贺氏窑、万顺窑等。据肖德森的《垭口志》记载，磨子窑与中兴窑相对，一度时期内曾超过中兴窑，成为当地最大的窑场，尤其是"泥料好，在朱砂釉方面是同行之冠"。

图 4-1-6 下 兴 古 窑 遗 址
（2015 年）

　　下兴窑，又名"夏兴窑"（图 4-1-5），位于现在的垭口村三社，地理坐标为：北纬 29°22′59.65″，东经 105°25′43.35″，海拔 354 米。下兴窑创烧于清嘉庆七年（公元 1802 年），占地有 4 亩多，是当时比较有规模的窑场。从创烧到 2002 年完全闭火，已有 200 年历史。下兴窑位于瓦子滩河（隆昌县内名为渔箭河，是当地荣昌和隆昌的界河）南岸，形制为阶梯窑，即由多个窑室串联成长条形窑体，其窑室和窑底均自下而上呈阶梯状（图 4-1-6）。该窑场占地 1700 平方米，窑炉长 23.5 米，宽 7.2 米，依山而建，共 7 孔，窑门宽 1.84 米，烟囱高 7 米。该窑停产以后，因风吹雨淋、失修等原因造成 3 个窑孔垮塌，当地文物部门曾对其进行了抢救性加固。在窑炉西北角约 5 米处有窑王菩萨庙一间，西南角约 6 米处为作坊遗址区，东侧约 3 米是储藏室。下兴窑所出产品按胎质分为粗细两种陶，细陶有花瓶、花坛、花罐、鸦片壶、碗等，粗陶有水缸、花钵、泡菜坛、酒缸等。

　　下兴窑是荣昌和安富地区目前保存得最好的一座清代中期古窑，对研究四川包括重庆地区陶器制作、窑业技术革新和发展具有重要科学价值。下兴窑由龙窑改为阶梯窑，这种形式的窑在明代福建德化地区就有，后来逐渐流传到湖南、

图 4-1-5 下兴古窑遗址（2011 年）

四川地区。它利用山地斜坡兴建，由若干窑室串联成长条形窑体，其窑室和窑底均自下而上呈阶梯式。这一技术革新大大节省了燃料，节约了烧制成本，提高了生产效率，是窑业史上的重要技术革新和发展，具有重大的科学价值。同时，下兴窑见证了地区经济发展和文化繁荣，是荣昌陶文化传承的重要载体，在当地人心中俨然成了荣昌陶（安陶）文化的重要象征，是不可磨灭的群体记忆和重要情感依托。目前，下兴窑主体修缮工程已经完成，有业主拟投资在此开发建设陶艺度假基地。

三、现当代：成渝公路沿线发展迅猛

1949 年以后，尤其是 20 世纪 60 年代开始，荣昌窑的分布区域又有了新的变化。那个时期，垭口地区的陶业持续发展，形成了以安富陶器厂为拳头的产陶基地。鼎盛时期，安富陶器厂为重庆市属企业，有职工 600 多人，曾是四川最早生产出口陶的企业之一，也是当时最大的陶器出口企业。

但是，垭口的交通条件相对落后，因此在成渝公路沿线，开始出现陶器生产企业，有的逐渐做大做强。到 20 世纪 70 至 80 年代，荣昌工艺陶厂、武城陶厂等已经具备一定的影响力。

荣昌工艺陶厂前身是荣昌县矸砖厂，距离成渝公路约 400 米，1970 年开始由原来生产普通砖瓦转向生产矸砖，1976 年开始生产陶器。当时有陶器工人 45 名，其中老技工 7 人，年产陶达 10 万件以上。1977 年，陶器工人增至 150 人，当年产陶 20 万件。1978 年，正式使用荣昌县工艺陶厂名称，与荣昌县矸砖厂实行两块牌子一套班子。1988 年，荣昌县矸砖厂正式更名为荣昌工艺陶厂。1989 年，新开发 78 个陶器新品种，其中"小熊猫组合文具"获四川省优秀奖和创新奖，"龙酒壶"包装具获中国名酒包装金质奖。当年，企业完成产值142万元，完成销售收入155万元，实现利润12.7万元，上缴税金8.99万元。1991年，实现产值413万元、利润35.3万元，成为同行业中有竞争实力的企业。1998年，荣昌工艺陶厂有职工293人，总资产220万元，但由于市场不景气，产品销售困难且积压加重，经主管部门批准，企业解体。

荣昌武城陶器厂位于成渝公路边，1956年由公私合营组成。在最初的10多年里，没有太大的发展，产值和产量都处于徘徊状态。1974年，完成产值10.12万元，相当于1956年产值的3倍多一点；职工人数84人，比1956年增加79%。20世纪70年代末期至20世纪80年代初期，企业开始寻找发展空间，生产各式酒坛（图4-1-7），并制定了在当时颇为先进的酒坛生产标准，逐渐成为国酒茅台、山西杏花村汾酒和四川剑南春酒的酒坛供应企业，1985年还与茅台酒厂签订了10年供货合同。1990年，销往茅台酒厂300千克酒坛近2万个，仅此一项销售收入110万元。1992年，完成产值353万元、销售收入127万元，实现利润7.8万元。1996年，由于负债率过高，无法偿还到期债务，经上级主管部门批准，企业宣布破产。1998年，企业进行股份制改造，重组有限责任公司。

图4-1-7 酒坛生产（2015年）

除这两个企业之外，还有一些规模较小的陶器生产企业。仅位于成渝公路旁的武城乡凉水村，就先后办起了 10 个陶器厂，每年创产值 21.5 万元，获利 6 万元。该村有 1200 余人，人均土地 0.5 亩，在党的十一届三中全会后，他们因地制宜发展制陶业。当地政府对这 10 个陶器厂实行税收包干，每年向国家纳税 1.5 万元，工人每月平均工资 200 元左右，全村人仅此一项每年人均可增收 50 元。

图 4-1-8　酒瓶生产（2011 年）

进入 21 世纪后，成渝公路沿线的陶瓷企业发展进入一个"快车道"。其中，2008 年世国华工艺陶瓷制品公司落户安富古镇上街口，是荣昌和安富陶瓷产业发展的一个新开端。继世国华公司之后，生产吨缸的祥鑫公司、安都公司、渝顺公司等相继落户成渝公路沿线，其间还有荣安玻陶、昌百隆公司等在成渝公路沿线发展。世国华陶瓷公司主打产品是各类酒瓶，曾一度成为国内同行业的佼佼者，产品销往国内各大名酒厂，包括仰韶、剑南春、泸州老窖、酒鬼酒、西凤、杜康等名酒在内，都在使用世国华陶瓷公司的产品（图 4-1-8）。另一方面，祥鑫、安都、渝顺等企业生产的"吨缸"系列，也销往贵州茅台、湖南仰韶、广西钦州和台湾地区等地，深受酒厂喜爱（图 4-1-9）。"吨缸"是统称，其实这些企

图 4-1-9　"吨缸"外运（2015 年）

业生产的酒缸，既有盛装 20 斤、50 斤、100 斤的小缸（罐），也有盛装 500 斤的中缸，最大的可以盛装 2 吨白酒。

2010 年以来，荣昌陶又迎来了新的发展机遇：当地党委、政府日益重视工艺陶发展，加大扶持、引导力度。因此，荣昌陶博物馆加快装修进度，各陶艺工作室也逐步开建。2013 年启动成渝公路安富场镇过境段改造工程，并在改造段沿线规划建设荣昌陶文化创意产业园。到 2014 年底，该工程完工，荣昌陶文化创意产业园也显现了初步建设成效：荣昌陶博物馆建成，成为国家 AAA 级旅游景区和国家承认的免费开放博物馆；荣昌陶青少年实训中心建成，当年接待市民和中小学生 1 万多人次；大师园一期工程完工，吸引来自湖南醴陵、广西钦州、江苏宜兴等地 20 多名陶艺师；入驻占地近 100 亩的青少年示范性综合实践基地建成，安陶小镇开街，陶宝龙镇初步形成……

如今，成渝公路沿线已经成为荣昌陶器生产的主要集聚区。同时，垭口地区仍然有着永恒玻陶、鸦屿陶瓷、安北陶厂、富艺陶厂等一批陶器生产企业，其产值虽然比成渝公路沿线的要少，但生产状况一直比较稳定，共同支撑着荣昌陶产业的发达兴旺。

第二节 荣昌窑产品的品类

陶器有多种多样的分类方法，一般人们习惯按四个方面进行分类：第一，按用途来分，可分为日用陶瓷、艺术（陈列）陶瓷、卫生陶瓷、建筑陶瓷、电器陶瓷、电子陶瓷、化工陶瓷、

纺织陶瓷、透千（燃气输机）陶瓷等等。第二，按是否施釉
来分，可分为有釉陶瓷和无釉陶瓷两类。第三，人们为了生产、
研究和学习上的方便，有时不按化学组成，而根据陶瓷的性能，
把它们分为高强度陶瓷、铁电陶瓷、耐酸陶瓷、高温陶瓷、
压电陶瓷、高韧性陶瓷、电解质陶瓷、光学陶瓷（即透明陶
瓷）、电介质陶瓷、磁性陶瓷和生物陶瓷等。第四，可简单
分为硬质陶瓷、软质陶瓷、特种陶瓷三大类。

　　荣昌窑历史上对陶瓷的分类，没有一个相对固定的标准，
在不同历史时期不同的发展阶段，有不同的分类方法。1949
年以前，大体根据用途分为日用陶、陈设陶、玩具陶和文具
陶等。1949 年以后，荣昌窑的产品在样式、用途和工艺上不
断发展，尤其是大学教授、制陶专家与当地传统手工艺人相
结合，取长补短，有针对性地发展各类陶器，使陶器品种日
益丰富多彩起来。①按陶泥原料不同，可以分为红陶、白陶。
②按陶泥颗粒来分，可以分为粗陶、细陶，细陶中又有泥精
货和釉子货之分。③按是否着釉来分，有素烧陶和釉陶，素
烧陶又有精泥和细泥之分。④按用途不同来分，有工业陶、
日用陶、工艺陈设陶等，工业陶又可以分为建筑陶、园林陶、
卫生陶等。⑤按产品种类来分，有罐、缸、坛、钵、瓶、
盆、碗、碟、盘、壶、盂以及动物、人物等。综合起来看，
按照当地人通用的分类方法，大体可以将荣昌陶器分为五大
类：历史陶、日用陶、工艺美术陶、建筑卫浴陶和特种陶。
另外还有一种相对比较特殊的产品——炻器，与前面的分类
方法有所不同，这是从材质和成品性质的角度来划分的。基
于对荣昌窑产品尽可能地介绍全面一些，因此这里一并进行
简要介绍。

图 4-2-1 动物烟缸（20 世纪 80 年代）

一、历史陶

主要是指新 1949 年以前荣昌窑生产的陶器。目前，川渝地区不少文物收藏家、陶器爱好者收藏有这种陶器。荣昌陶博物馆收藏的陶器中，这类历史陶数量不多，主要有汉代陶俑、陶灯，宋代陶盏、碗、碟，元代陶罐，明代陶坛、罐，清代麻线篓、取经罐、气鼓子、鸦片烟具，民国时期的"抗战到底"花瓶、耙花罐等，其中以宋代和清代、民国时期的居多，约为 50 多件（套），其中已经明确为国家三级文物的有 4 件。从历史的角度看，荣昌窑的陶器类型很多，有日常生产生活用的罐、坛、缸、钵、碗、盏等，也有诸如汉代陶俑之类的器物。据史料记载，清光绪年间，不但能成批生产日用细陶，还较普遍地使用刻花和色釉装饰，当时已能生产两米多高的朱砂花瓶和六方朱砂坐礅等难度较大的产品。民国初期，由于制陶工艺的进步，产品的种类日益增多。1921 年，安富人罗德三、唐宇澄等创办华蜀陶瓷工厂，以石膏为模型，制造鉴赏品及梳毛动物等（图 4-2-1），"应用品则于釉上绘以彩色，仿以景瓷，尤以梳毛动物为佳"（《四川月报》5 卷 6 期，民国二十三年十二月），其陶器题材多为牛、马、龙、鹅、鸭、鸡、狗等。到抗战末期，安富一带的陶器粗细皆有，品种繁多，如黄丹货中的各式缸、坛、钵、壶；釉子货有耳盅、灯台、酒具、香炉、罗汉碗、朱砂坛等，以及各式花瓶、花钵、壁挂和动物为题材的小雕塑、陶哨玩具等。

二、日用陶

通常情况下，日用陶包括家用器皿，为广大人民群众所必需，如坛、罐、缸、壶等；包括陈设布置等所用的花瓶、花钵、果盘和牛、兔、鸭、蟹等小玩器；包括包装陶，如坛、盆；也可以包括其他一些日常生活中可能用到的器物，如清代末期和民国时期的鸦片烟具、香炉，以及蜡台、桌、凳，也有茶具、文具、陶哨玩具等。据 1934 年的《四川月报》五卷 6 期资料显示，当时的应用品有甑、钵、鼓子、茶具、饭碗、酒杯、痰盂等，年可售洋 9 万余元；烟具年可售洋 25 万元。据记载，当时的烟具包括烟斗、烟葫芦、烟杯、打石等，销路极广，如西康、西藏，云、贵、陕、甘，其销量可以占到三分之二。

泡菜坛则是最常用，也是最具代表性的日用陶器之一（图 4-2-2）。荣昌窑的泡菜坛由于泥质好，制作精良，因此用于泡菜，具有透气，久泡不生花，无异味等特点，受到中外消费者喜爱，连续多年荣获优质产品奖章。20 世纪 60 至 70 年代，更是大量出口国外，成为出口主打产品之一。1964 年，在荣昌陶器首批出口产品中，就有 5 号菜坛、4 号菜坛以及用于包装豆瓣的小型细陶泡菜坛，当年出口总量达 12.7 万件。1973 年，有 3 号白泥荷花菜坛等。在包装陶方面，曾一度比较发达。

图 4-2-2 荣昌泡菜坛

图 4-2-3 皮陶（20 世纪 90 年代末期）

图 4-2-4 仿铜陶（20 世纪 90 年代末期）

据不完全统计，20 世纪 80 年代中期，全县曾拥有市属、县属、乡镇属和个体陶器厂近 43 户，年产日用粗陶 170 多万件、日用细陶 390 多万件（不包括出口细陶和工艺美术陶）、瓷质餐具 18 万件、彩釉墙地砖 45 万平方米。

20 世纪晚期开始，荣昌窑开始较大规模出现各类酒缸、酒坛、花钵、花盆等粗陶产品。其中，容量达 250 千克的大酒坛受到茅台酒厂的喜爱，曾有过一次签订 10 年供货协议的案例。武城陶厂还生产过"天下第一缸""天下第一坛"，产生过一定程度的轰动效应。进入 21 世纪，尤其是 2010 年后，安富地区的酒坛、酒缸生产厂家快速发展，仅 3 年时间，规模型"吨缸"（容量可达 1000 千克）企业就有 4 户，年产值 5 亿元以上。

三、工艺美术陶

包括鉴赏陶、皮陶、彩陶、仿古陶、仿铜陶、釉子货、泥精货等。鉴赏陶的种类颇多，很多皮陶、彩陶、釉子货、泥精货等，都属于鉴赏陶的范畴。人物、花瓶、花钵、动物、虎豹等，大多是鉴赏陶（其中很多产品也具有实用性，为日用陶器）。皮陶（图 4-2-3）和彩陶是 20 世纪末期到 21 世纪初期，荣昌窑的部分陶器企业生产的产品，具有较强的时间性，由于其本身的艺术价值、收藏价值和文化价值并不是很高，因此生产没有几年，就基本上被淘汰了。仿古陶、仿铜陶等是指产品着釉、烧制过程中，刻意为之，以彰显陶器的古色古香之味，灯笼直筒瓶可算其中之一（图 4-2-4）。同样，由于工艺技术不理想，因此产量不大，市场欢迎度不高。釉子货和泥精货属于细陶产品，大多具有较强的工艺性，其中很多实用性、日用性也比较强。

例如，1973 年出口的白泥荷花菜坛、刻花孔雀罐、红泥熊猫坛等，以及 1974 年出口的黑釉飞马（图 4-2-5）、色釉水仙花浅盆、朱砂宝珠坛、色釉水仙花浅盆、朱砂宝珠坛、朱砂金瓜罐。从那时开始，荣昌细陶便朝着"实用品工艺美术化"的方向发展。这一年的出口产品和参展作品中，有大量的这方面的例证，尤其是泡菜坛（图 4-2-6）有了很大发展，既保持有传统的卷草纹、工字纹、荷花纹样，又有以"科学种田""庆丰收""农林牧副渔""棉粮豆谷"等为主要内容的。在传统朱砂宝珠坛的基础上，新制作的朱砂高瓜罐、朱砂金瓜罐，即实用美观又形象地反映了农业的瓜果丰收。在刻花罐中，有反映少年儿童响应毛主席号召，在大风大浪中锻炼的游泳罐，表现我国民间武术的儿童武术罐，体现教育革命的"学工学农罐"，以传统民间杂技为题材的"狮舞坛"，以及其他熊猫罐、鹿纹罐、黑釉花边罐、黑釉洒红罐等内容丰富、器型优美的产品。

图 4-2-5 黑釉飞马

图 4-2-6 刻花色釉泡菜坛

1977 年，安富陶器厂为参加次年举办的全国工艺美术展览会，特制定了比较详细的方案，明确由刘大华、司徒铸、叶庆常、李世祥等人负责，拟制作展品 150 件，包括六大类作品：一是缸类，有泡菜坛、1-8 号红泥刻花坛各一套，其装饰有卷草纹、荷花纹、工字纹、蝴蝶花纹等，另有 3 号白泥、色釉装饰坛 4 件。二是坛类，有大号宝珠坛，高、矮瓜坛一套，耙花狮子饼干坛，贴花、刻花狮舞坛。三是罐类。四是壶类，包括茶壶、酒壶。五是瓶类。六是杂件，包括文具、佐料具、烟灰具等。1977 年 12 月 28 日，经四川省轻工业局审定，送京参加 1978 年全国工艺美术展览会的展品，共有 125 件（套），数量多，规模大，极为罕见。在北京展出期间，获得了北京市民和中外游客的广泛赞誉。

图 4-2-7 "李白醉酒" 刻花瓶
（2013 年）

2007 年，省（市）级工艺美术大师罗天锡创作的"龙瓶""梅花瓶"系列作品，参加重庆创意文化产业作品展，得到群众喜爱、专家肯定、媒体赞许、领导关注，是当时工艺美术陶的代表性作品。事实上，在近现代和当代，那些制作工艺考究、具有较高文化附加值的陈设品，如鉴赏品、日用品等，都可以看作工艺美术陶。荣昌陶博物馆的梳毛牛、杜甫、李白塑像等，以及很多造型精美的马、龙、鹅、狗等动物器皿，都是这方面的作品。现在，荣昌陶博物馆、陶艺大师园引进的各个陶艺工作室生产的产品大多具有较高的文化艺术或科学、收藏价值，均可以算作工艺美术陶。"李白醉酒"刻花瓶以红泥为坯体、白泥做化妆土，经精心剔刻而成，具有家装功能和较高的收藏价值（图 4-2-7）。当然，一些罐、坛、壶、杯、盅、瓶、缸等器物由于具有实用性，也可以看作是日用陶。从这个角度来说，工艺美术陶和日用陶并没有明确的分界线，二者可以相互整合。

四、建筑卫浴陶

包括园林装饰陶、矸砖、釉面砖瓦、马赛克等。荣昌窑产品中，少有卫生洁具和其他卫浴陶器。1949 年后，当地的陶瓷企业仍有部分在生产砖瓦，其中以荣昌县手工业联社下属的砖瓦厂较有代表性，多年来为当地生产修房造屋的砖瓦产品。1970 年，砖瓦厂更名为矸砖厂，以当地丰富的煤矸石为原料生产优质矸砖，既废物利用，又降低了成本，因此颇受市场欢迎。"蜀秀牌"马赛克，是列入国家"星火计划"的项目，由安南乡（现在安富镇境内）建筑装饰材料厂与重庆大学冶金材料技术开发公司联合实施，1987 年该项目有色种 12 个系列、36 个色调、产品规格 7 个，分方块和异形，可拼装织锦式图案，花式繁多，颜色鲜艳，适用于各类建筑物，可以作为车间、餐厅、门厅、厕所、走廊、洗澡间、工作室、各类化验室的地面及内外装饰。该产品销路好，全国 20 多个省市均有销售，并先后荣获四川省乡镇企业产品银质奖和国家科委"星火计划"银杯奖。1988 年，荣昌县工艺陶厂的彩色釉面瓦生产线列入重庆市"星火计划"，并正式投产，还与高瓷村协商，联办 1 个砖瓦厂。2014 年，荣昌县成功引进广东唯美集团入驻。该企业是中国工业企业 500 强和中国建材行业百强企业，生产的"马可波罗"瓷砖享有"仿古砖至尊"的美誉。该企业 2017 年 3 月投产，全部建成后年产值可达 30 亿元（图 4-2-8）。

图 4-2-8 唯美集团生产车间

五、特种陶

特种陶瓷种类很多，多以各种氧化物为主体，如高铝质陶瓷，是以氧化铝为主；镁质陶瓷，以氧化镁为主；滑石质陶瓷，以滑石为主；铍质陶瓷，以氧化铍或绿柱石为主，等等。这些特种陶瓷的特点多是由不含黏土或含极少量的黏土制成，成型则多用干压、高压方法，在国防工业、重工业中多用此类陶瓷，如火箭、导弹上的挡板，飞机、汽车上用的火花塞，收音机内用的半导体，快速切削用的陶瓷刀，等等。目前，荣昌陶器还没有形成有规模的特种陶生产企业，来自北京的奥福精细陶瓷公司入驻荣昌广富工业园，2017 年开始投入生产，填补了这方面的空白，并努力打造为西南地区最大的蜂窝陶瓷生产基地（图 4-2-9）。

图 4-2-9 奥福公司陶瓷品

六、炻瓷

炻是一种介于陶器和瓷器之间的陶瓷制品，也称"半瓷"

或"石胎瓷"。通常又按其细密、均匀性分为粗、细两类，多呈棕色、黄褐色或灰蓝色。产品如砂锅、水缸和耐酸陶瓷等，有一种建筑装饰材料叫"细炻砖"。有人认为紫砂是比较典型的炻器，其泥色主要有朱泥、紫砂泥、白泥、乌泥、黄泥、松花泥等。紫砂器烧成后色泽温润，古雅可爱，还具有亚光效果，既可减弱光能的反射，又能清晰地表现器物形态、装饰与自身天然色泽的生动效果。也有人曾经将荣昌窑的产品都归结为炻器类。元代和明代，以至于清代早中期，在刘家拱桥一带有不少用白泥生产的器皿，应该明显地属于炻器，其不具有瓷器的色泽，但又非传统意义上的陶器。事实上，荣昌安富一带盛产的泥料，非常适合于制作炻器。民国时期，安富建起了瓷厂，最有名的当数乐成瓷厂。一段时期，乐成瓷厂生产了大量的餐具和日用生活用品、家装饰品。荣昌陶博物馆收藏有几件乐成瓷厂的作品，其上绘有山水画，形象生动，意境深远，可见当时的制作技艺和书画艺术都已经达到一定的境界。

第三节 荣昌窑传统陶艺家

1949 年后，荣昌窑进入新的发展时期，尤其是自 20 世纪 50 年代中期开始，在四川美术专科学校（现四川美术学院）、重庆美术公司等单位，以及梁启煜、程尚俊等教授、专家的支持下，当地老艺人发挥积极主动作用，扬长避短，深入钻研，共同推进荣昌陶器制作技艺的传承、发展和创新。在随后的半个多世纪里，虽然有过一些困难、挫折和衰落，但总体上看，这个时期可以称得上是荣昌窑的复兴时期。从初步崛起到出口创汇，从小打小闹到产销两旺，从体制局限到冲破困围，这些都与当地党委、政府的艰辛努力分不开，也与现当代各个时期陶瓷艺术家们的无私奉献分不开。

　　本文所指荣昌窑的现代传统陶瓷艺术家，是指 1949 年后至 2017 年这段时期，参加过荣昌陶器的研究、设计、制作和生产，并且为荣昌陶器传统制作技艺的传承和发展，或者为荣昌陶文化艺术的传播、发展和提升，以及为荣昌陶产业发展等，做出过重大、重要或积极贡献的老艺术家、老艺人。他们中有的人几十年如一日，为荣昌陶的传承和发展而战斗着；有的人则在一个时期或一段时间内，从事过荣昌陶研发、设计和生产，并且对荣昌陶发展做出过重要贡献。今天，有的人已经过世，有的人因为年龄和身体原因在家颐养天年，也有的仍然劳作在研发和生产第一线，继续为荣昌陶文化艺术的传承和发展以及荣昌陶产业发展贡献着自己的一份力量。本章节选取了其中 22 人作简要介绍。由于史料有限，未能对更多的传统陶艺家、老艺人进行介绍，实为憾事。也由于选取角度的限制，未能对所有优秀传统陶艺家、老艺人悉数列举，如毛超群、王兴竹、吴时敏、桑太江、杨锡武、钟华章、肖体先、吕林华、贺元刚、李德明、郭绍明等，这亦是更大憾事。

一、胡贯之（1880.10—1969.01）

　　陶塑创作师。原名胡道中，字贯之，荣昌县昌元镇人。胡贯之少年时期就爱做小玩具，摹仿造型逼真，10 岁时用橙壳雕刻的吸水烟袋，制作精良，受到亲友称赞。由于家贫失学，青年时他就去大足邮亭银铺学艺，经过刻苦钻研，不但能制作银饰品，还能制作陶塑工艺品。1920 年，他受聘到荣

1955 年 4 月、1956 年 3 月，梁启煜先后两次带队前来荣昌县安富镇，指导陶艺传承和创新发展。其工作成效主要有：一是收集新中国成立前的荣昌陶器 20 多件，研究其工艺特点，并进行恢复和改进，总计达 129 种。总结和传承荣昌陶在品种、釉色、质地，以及装饰纹样、方法上较高的生产技术水平，发展和传承荣昌陶健康的造型、生动的卷草纹，以及以刻线及贴花为主的朴素装饰，凸显刻线刚柔并蓄、贴花与底色层次分明等特点。二是研究和传承荣昌陶制作工序。练泥方面，不仅沉淀三四次，还将练好的泥料储藏一定的时间，以追求"召釉"效果（素烧产品表面比较润泽）。拉坯方面，提出使用固定尺寸的方法，使相同产品规格统一。剔刻方面，举办培训班，教会青工们掌握新产品刻花步骤和方法。三是保护和传承荣昌陶部分釉料配制，主要有朱砂、西绿、洞绿、浅绿、黄、黑、茶色、白色等釉色。四是改进烧窑工艺，提高窑货成品率。设计制作陶器烧制时使用的"丁"（一种托底），解决烧窑时陶器流釉，以及带盖陶器的器身和盖子烧成釉色不统一等问题。五是推动荣昌陶生产销售，扩大社会影响力。试制出的 100 余种新产品均送往重庆、成都和北京等地展示展销，有时还单独展出，引起了较好的社会反响。部分新产品正式生产后，受到市场欢迎，并开始出口东南亚等地。

三、程尚俊（1913.2—1997.10）

浙江金华人，擅长工艺美术。1933 年，程尚俊毕业于杭州国立艺专。随后，他曾任教于成都艺专，后到重庆美术公司任技术员，西南美术专科学校（现四川美术学院）成立实用美术系（后改为工艺美术系）时，他调来任教，成为工艺美术系的创始人之一。后来，被聘为四川美术学院教授。他的作品有人民大会堂四川厅总体设计等，作品《五粮液系列包装设计》曾获全国优秀设计奖。1956 年，其陶器作品参加四川省工艺美术展览会获三等奖。1995 年，82 岁高龄的程尚俊将卖画所得的 1 万元捐赠给重庆市希望工程。程尚俊教授对荣昌陶发展的主要贡献在于：20 世纪 50 至 60 年代，多次到荣昌陶器厂（注：荣昌陶器厂在不同时期，可能是国营荣昌县陶器厂、国营荣昌县安富陶器厂、国营安富陶器厂，本章为便于叙述，均采用"荣昌陶器厂"一称）考察，与梁启煜教授等一起，为荣昌陶器制作技艺的传承发展努力。他们曾大量收集新中国成立前生产的陶器产品，提出以恢复改进为重点的试制产品计划，并组织当地老艺人开展试制工作，多次对新产品设计方案进行修改完善。后来，他在荣昌陶器厂制作的陶器作品，如《马纹蜂糖罐》（图 4-3-5）《牡丹纹电灯座》《鱼纹软耳大茶壶》等多次获奖，来自于基层的陶艺体验、制作经验也成为了他在教育教学中的内容之一。

图 4-3-5　马纹蜂糖罐（程尚俊创作）

四、杨学礼（1918—1989）

安富垭口人，后因故迁往安富古桥，曾任县人民代表。杨学礼从小学习陶艺，后来进入安富陶器厂上班。从泥山到制坯、刻花、上釉各工序，他都有独特技术，他还能看图制坯。因技术好，为人正派，1960 年代到 1970 年代，受四川省政府有关部门委派，他多次到马尔康、彭州桂花镇等地指导陶器生产，重点是传授拉坯技术。四川美术学院梁启煜、马高骧等教授、专家前来安富陶器厂进行陶器研发，他们的设计图纸大多交给杨学礼拉坯，由杨学礼看图制坯，马高骧更是点名非杨学礼不可。杨学礼是安富陶器厂的技术骨干，曾被四川美术学院请去讲课，曾被评为安富陶器厂的"十大老艺人"之首。

图 4-3-6 刻花开窗孔雀瓶（罗明遥创作）

图 4-3-8 铜釉狐狸（罗明遥创作）

五、罗明遥（1927.1—1989.8）

四川省平昌人，擅长陶瓷美术设计。1951 年，毕业于四川省立艺术专科学校，先后到成都艺专、重庆艺专、四川美术学院任教。《刻花开窗孔雀瓶》（图 4-3-6）是罗明遥的刻花代表性作品，曾出口美国。曾任四川美术学院工艺美术系陶瓷专业教授、中国美术家协会会员，曾经由国务院作为中国专家派往美国交流讲学。擅长中国花鸟画、山水画、白描、陶瓷美术设计。

罗明遥教授在四川美术学院任教期间，曾多次带领学生到荣昌陶器厂实习和创作。早在 20 世纪 50 年代就创作了《荷花纹泡菜坛》《朱砂釉耙花金瓜坛》《狮子耙花饼干坛》《松鼠葡萄坛》《珍珠底蜂糖罐》《鱼纹蜂糖罐》《四季花蜂糖罐》《钧釉小雕塑》（图 4-3-7）、《铜釉狐狸》（图 4-3-8）、《雕填水仙蜂糖罐》等很多优秀作品。他在 20 世纪 50 年代的作品主要是各种坛罐实用工艺品，20 世纪 60 年代以后逐步向陈设工艺品方向发展。20 世纪 70 年代，他的作品《荷

图 4-3-7 钧釉小雕塑（罗明遥创作）

花纹泡菜坛》《刻花开窗孔雀花瓶》作为工艺品出口。20 世纪 80 年代，他创作的《釉画三峡挂盘》参加全国展览，被中央工艺美术学院梅健鹰教授撰文给予高度评价（发表在 1979 年英文版《中国建设》），在全国引起轰动。罗明遥教授设计的产品造型稳重大方、图案美观，动物雕塑生动而富有情趣。1989 年 8 月罗明遥教授不幸病世。罗明遥教授为荣昌陶器的创新和发展做出了不可磨灭的贡献。

图 4-3-9 朱砂釉陶罐（刘大华创作）

六、刘大华

　　1932 年 5 月生。1960 年，刘大华从四川美术学院工艺美术系陶瓷专业毕业，分配到西安美术学院任教。1962 年秋，该校停办，刘大华要求调回四川，后分配到大足电影队工作。1963 年 6 月，因工作需要，刘大华调到荣昌陶器厂。刘大华是荣昌陶器厂第一个大学生，他几乎什么工种都干过，后来长期担任技术科长。1977 年，荣昌陶器厂研制新产品，选送到北京参加全国工艺美术展销会，具体研制、生产工作由刘大华负责。当年，制作成功 150 多件（套）产品，最终审定、选送了 125 件（套）作品赴北京参展。刘大华在荣昌陶器厂研制、设计过大量的罐、坛、瓶、壶、缸和人物、动物等陶器作品（图 4-3-9），其中部分作品曾大量出口国外。1981 年，永川地区行署授予刘大华陶器造型工艺工程师职称。1984 年，他主持的《荣昌颜色釉配方》收录进国家轻工业部第一轻工业局主编的《日用陶瓷工业手册》。1986 年 10 月，到永川计生指导站工作。1987 年 10 月，调到永川师专（现重庆文理学院）任教。随后，与朱红林等人一起，创建永川师专美术系。如今，该专业学生从最初的 50 多人已经发展到 1000 多人。1992 年 5 月，刘大华退休，随即被返聘回荣昌陶器厂从事设计、造型

图 4-3-10 金砂釉小陶罐（肖慈金参与创作）

工作。随后，还先后在重庆鸦屿陶瓷公司、重庆华陶瓷业公司工作，直至 2003 年 4 月完全离职，在家颐养天年。2017 年 4 月，刘大华因病去世。

七、肖慈金（1935.06—2015.01）

1935 年 6 月生。出生于制陶世家，其父肖体先在拉坯、刻花、制釉等方面都很有名气，1956 年参加四川省工艺美术品展览会获二等奖。肖慈金从小就随父学艺，很快掌握了制陶技艺。1956 年，肖慈金到荣昌陶器厂上班。1958 年 10 月，到西南美术专科学校工艺美术系进修，半年后学成归来，担任新成立的荣昌陶器厂试制组组长，开发新品种，研究新工艺。其间，与试制组的成员一起，研制、生产了数百个新产品（图 4-3-10）。这些新产品参加各级各类展览展销会，有几十个获奖。1976 年，肖慈金被四川省轻工业厅评为陶瓷界十大老艺人。1983 年，肖慈金退休，继续留厂担任试制组组长。1986 年，肖慈金正式离开工作岗位颐养天年。肖慈金的子女都从事荣昌陶器生产，是中青年一代中的佼佼者。

八、梁先彬（1935.07—2015.01）

重庆荣昌人，曾任荣昌县政协委员、县工商联执委。自小学习陶艺，1956 年 6 月到荣昌陶器厂工作。1958 年 9 月到 1961 年 8 月，由厂里选送到成都工艺美术学校，就读于装饰造型专业。1961 年 9 月，回厂任技术员，从事产品设计。1964 年，与杨剑夫、钟德江组成厂里第一个设计小组，承担对外展品的设计工作。其设计的新产品曾赴五十国展出，受到外国友人的好评。他最早将"化妆土用在产品上点花""剪纸贴花""打花法"等技法用于大规模生产。1975 年开始，负责产品质量管理。1980年，任二车间主任。1979年，永川地区工交部授予他造型装饰技术员职称。1981年，永川地区工交部授予他工艺美术助理工程师。1983年，调回技术科，负责产品设计。其设计的"迎宾酒瓶""郎酒酒瓶"等受到市场欢迎，订货达200多万件。1986年，任质管科科长，推行TQC质量管理，加强青工培训，使产品质量较大幅度提升，产品合格率由原来的70%提高到85%~91%。1988年，获评重庆市工艺美术师职务。1989年，承包东民陶器厂，随后购买成立民营公司（图4-3-11）。一个时期内，东民陶器公司成为垭口一带最有影响力的陶瓷企业之一。2015年，梁先彬因病去世。

九、钟德江

1938年生，重庆市工艺美术大师。1956年参加工作，同年辞职考取荣昌中学高59级读书，后因病休学。1960年调到荣昌县吴家沟煤矿工作。1962年，调到荣昌陶器厂从事刻花工作，后与梁先彬、杨剑夫等组成厂里第一个设计小组，担负起新产品设计、试制和质管工作。1964年，他参加建厂的第一个脱产技研组，并与重庆外贸公司首次开发包装陶出口生产。他首次将"剪纸贴花""化妆土点花"等技法用于大

图4-3-11　陶器生产车间

图 4-3-12 绿釉辣椒罐（钟德江
创作）

图 4-3-13 包装陶罐（20 世纪
70 年代）

规模生产，大大提高了生产效率，并保证了产品质量。这些技法沿用至今，并广泛为省内外相关企业采用。1992 年初，被评为"四川省工艺美术大师"（重庆改为直辖市后，转为"重庆市工艺美术大师"）。

1962 年到 1993 年，钟德江创作出国展品近 70 个品种，设计内外销陶样品 100 多种，先后赴美国、苏联、法国、德国、日本、新加坡及中国香港特别行政区等几十个国家和地区展销。1980 年，作品《绿釉辣椒罐》（图 4-3-12）赴京参展，获全国陶瓷设计评比二等奖。1984 年，《砂金釉鱼尾瓶》获国家经委"金龙奖"。1989 年，《2 号弦纹花插》获四川省陶瓷行业评比一等奖，《3 号蓓蕾花插》获二等奖。1991 年，《长鼓花插》获四川省陶瓷行业评比一等奖，《鱼纹花插》《双耳绞泥花插》获二等奖，《彩釉花瓶》获重庆工艺美术作品展创作设计"百花奖"，《陶奖杯》被重庆博物馆收藏。其部分作品先后被《瓷器》《中国陶瓷》《四川画报》《中国工商导报》《四川经济日报》《重庆日报》等多种报刊刊载、报道。近年来，钟德江主要致力于陶瓷色釉、造型研究，以及人才培养、技术指导等工作，积极传承和发展荣昌陶传统工艺。

十、朱红林

1938 年生，江苏张家港人。1956 年考入中央美术学院装潢系。1961 年，大学毕业后留校任助教。1962 年，到二轻局从事装潢设计工作。1972 年，因家庭原因调到荣昌陶器厂，从事装潢包装设计工作，开发新的包装盒。其作品多次参加各类展销会，均受到广泛欢迎（图 4-3-13）。他提出工艺美术陶应多元化的理念，并提倡除工艺美术陶、出口陶生产外，还要开发建筑陶，发展釉面砖，以及更多适应市场需求的包装陶。他与杨剑夫合作撰写的《试谈荣昌细陶制品造型与装饰的发展》在全国日用陶瓷工业科技情报站主编的《瓷器》（1979 年第 4 期）刊发。1980 年，他担任荣昌陶器厂厂长。1984 年，调到永川地区印刷厂任厂长。1989 年，他与刘大华等人一起，调到重庆高等师范专科学校（现重庆文理学院）创建美术系。他的代表作品有《游泳罐》《白鹤绞泥花瓶》等，曾大量出口国外。其妻子叶思琼 1965 年从中央美术学院陶瓷系毕业后，分配到荣昌陶器厂工作，主要任务是发展出口陶，包括茶具、花瓶、釉陶等。1978 年，叶思琼任副厂长。1985 年调到永川党校工作。朱红林、叶思琼均毕业于中央工艺美术学院，二人先后来到地处偏远山区的荣昌陶器厂，为荣昌陶发展做出了积极贡献，书写了一段伉俪情深的传奇故事。

十一、马高骧

1939 年生，中国云南省石林县人，笔名凌云。著名书画艺术家、美术教育家、教授、国家一级美术师。1960 年毕业于四川美术学院。先后任四川美术学院和广州美术学院教授，研究生导师。马高骧是中国美术家协会会员、中国古陶瓷研究会会员、中国传统艺术鉴定评估委员会艺术家学部理事委员、中国工艺美术大师评审委员、广东省收藏家协会书画艺术委员会名誉顾问，跨世纪文化艺术研究院副院长、政协画院副院长，世界教科文卫专家组成员，英格兰皇家艺术基金会学术委员会永久顾问。他擅长中国书画、水彩水粉画、陶瓷艺术。尤其擅长独树一帜的中国国宝大熊猫彩墨画。他的作品多次荣获国际和全国大奖，曾作为国家领导人邓小平访美礼品、中共中央国务院台办赠台礼品被收藏，也曾被美国、

图4-3-15《丹霞彩影》陶品（马高骧创作）

日本和欧洲一些国家的大学、美术馆收藏。

马高骧曾是四川美术学院学生，师从于梁启煜、罗明遥等教授，随后又曾在四川美术学院从教多年。无论是学生时代，还是从教时期，他多次来到荣昌安富，学习、体验陶器制作技艺，并动手设计、制作陶器作品。尤其是他在四川美术学院任教期间，多次带领学生到荣昌陶器厂实习并创作。图4-3-14中，马高骧（右2）带领美国留学生查尔斯（右3）来荣昌陶器厂实习，并与钟德江（左1）、罗天锡（右1）、司徒铸（左2）等合影。他自己亲手创作了不少作品，有瓶类、罐类、坛类、雕塑等，有些作品作为国家领导人出国礼品，或参加全国展出获得大奖。其中，比较有代表性的荣昌陶器作品是《双色釉鱼耳瓶》，该作品上半部分采用荣昌著名的朱砂红釉，下半部分用乌金黑釉，色彩明快，对比强烈，配以金鱼双耳稳重大方，确是一件十分成功的陶艺作品。该作品作为邓小平出国访问礼品，曾馈赠给美国领导人，现被美国国家博物馆收藏。再比如《丹霞彩影》作品，造型新颖，釉色配置独特，若隐若现的丹霞风情令人神往（图4-3-15）。

图4-3-14 马高骧（右2）等人合影

十二、江碧波

1939 年生，著名雕塑家、陶艺家，擅长版画、雕塑、油画。
1962 年毕业于四川美术学院，曾任四川美术学院绘画系主任，
重庆大学人文艺术学院院长、教授，现任中国美术家协会理
事、中国美协重庆创作中心主任、重庆远古巫文化学会会长、
重庆女子书法协会会长、荣昌陶博物馆名誉馆长。在国内外
举办过多次美术作品展，曾在美术评论界掀起"江碧波现象"。
她的作品《歌乐山群雕》获首届全国城市雕塑最佳奖。1998
年，彭德怀纪念馆雕塑及壁画获全国十大陈列展精品奖。版
画作品《近邻》《白云深处》获国际版画研究会金奖，为中
国美术馆收藏。出版有《江碧波艺术作品集》《东方魂——
江碧波艺术集》《巍然天地间》等。曾获国务院政府津贴。
她的作品表现出不断创新和开拓精神，充分展示了崇高的艺
术境界和人格魅力。同时，她独特的艺术语言和鲜明的个性
表达了中国传统的宇宙、大地意识，具有强烈的艺术感染力。
2005 年起，江碧波担任描写中国人民全面抗战的大型国画《浩
气长流》的艺术总监，并亲自执笔《故国》《山河岁月》两
个章节共 200 米（全长 805 米）。

2006 年，江碧波创作、设计、制作重庆市历史名人馆
200 位名人雕塑及绘画作品。21 世纪以来，她在安富镇先后
投资兴建了碧波艺苑陶艺研究所、碧波陶艺工作室、碧波陶
艺公园，研制、开发、生产的陶艺作品数百种（图 4-3-16），
受到市场青睐，多种产品曾作为馈赠礼品。同时，她还长期
从事长江远古巫文化研究和艺术创作，并将研究成果与陶艺
结合起来，形成个性鲜明的陶艺作品，受到消费者和收藏家
喜爱。她的陶艺作品中，还有一部分具有强烈的后现代意识，
充分体现了她独到的艺术见解和成就。

图 4-3-16 江碧波陶艺工作室展
厅

图 4-3-17 杨剑夫获奖证书

十三、杨剑夫（1943—1987）

荣昌安富人，曾任荣昌县政协委员。从小受父亲影响，爱好艺术，曾求学于江津艺师美术班，19 岁进荣昌陶器厂做刻花工。他广泛阅读中外文学名著，涉猎哲学、美学和与本专业紧密联系的绘画理论、图案装饰、色彩学、雕塑、剪纸，以及陶器历史、陶器制作工艺。他深入实践，广交朋友，与中央工艺美术学院原陶瓷系主任梅健鹰、四川美院教授白德松等有过深厚友情，这对他制陶技艺的提高产生了重大影响。1962 年，年仅 19 岁的杨剑夫就与钟德江等 3 人成立设计小组，以包装罐的形式，将荣昌陶打入国际市场。他本人设计了花苞罐、小鸭罐等产品。杨剑夫是一个非常刻苦、敬业、勤奋的人，那个时期他每月至少出一件新作，件件精美，充分突出了地方特色。1962 年之后，国家历届工艺美术陶器展览、展销，都有他的作品。国家轻工部科技司邀请他参与编撰《日用美术、陶器造型装饰》一书，并担任"厨房用品"部分主笔。1972 年 8 月 8 日，《四川日报》刊登了他的作品。1979 年第 4 期《瓷器》发表了他与朱红林合作的论文。1980 年，他的《开窗点花茶具》（图 4-3-17）《卷草茶具》作品分获全国陶瓷设计评比二等奖、三等奖。随后，他的新作不断涌现，连续获得各种奖项：《金鱼耳瓶》《凤耳花瓠》获国家"金龙奖"，《陶狮储钱罐》获四川省"儿童用品优秀奖"，《猫头鹰》获重庆市出口包装优秀奖，重庆博物馆收藏了他的作品，更多的作品则被选送到美、英、法、日、苏联等 50 多个国家和地区展出，受到国际友人喜爱和好评。

1987 年 1 月，杨剑夫因患癌不幸早逝。他创作的最后一件作品是《双鹿》。同年，《人民画报》第 11 期刊登了他的作品《弦纹罐》。

十四、司徒铸

1944 年 9 月生，成都市新津县人，1964 年毕业于四川省轻工业学校硅酸盐工艺专业，随后分配到荣昌陶器厂。在荣昌陶器厂工作 20 多年，曾任该厂质管科长，1984 年任技术副厂长。1988 年，调到重庆市第三建材厂工作。1992 年，调到成都市泰华公司新津陶瓷厂，任厂长，从事墙地砖生产（国内生产线）。2004 年退休。

在荣昌陶器厂工作期间，司徒铸曾从事制釉和烧成工序。他着重开展了对传统釉的改造和新釉的研制，比如参加红丹釉改熔块釉，改进绿釉工艺，研制成功新黑釉、仿铜釉、白泥朱砂釉、翠绿釉、新蓝钧釉、砂金釉等（图 4-3-18）。其中，翠绿釉曾大量用于仿古琉璃瓦生产，新蓝钧釉达到国内领先水平，砂金釉开创至今难以企及的一代先河。同时，还研制了白泥黑釉、电光黑釉、黑灰色无光釉、仿台牙黄釉等。他为提高和丰富荣昌陶器艺术釉做出了重要贡献，曾荣获"荣昌陶器艺术釉研制"省科技成果三等奖（主研人员之一）。另外，他在坯料配方的研制、"倒焰窑"快速烧成等方面，都做出过积极、重要的贡献。比如，1978 年荣昌陶器厂开始成批出

图 4-3-18　釉陶作品（司徒铸为研制主要人员之一）

口白泥紫钧釉海鸥茶具和红泥黑釉洒红茶具，必须提高茶具的热稳定性，否则在倒开水时就容易发生炸裂，他经过试验，优选出红泥和白泥出口茶具坯料配方，保证了出口产品质量。

1976 年，司徒铸参加由四川省博物馆、重庆市博物馆、四川省轻工局联合组织的"四川省陶瓷史资料编写组"，编写的内部资料《荣昌窑》载入《四川省陶瓷史资料》第二辑。1981 年，编写《荣昌细陶》企业标准，该标准曾获四川省标准局优秀企业标准科研成果三等奖。同年，参加轻工部召开的"全国陶瓷标准审定工作会"，在会上将《荣昌细陶》列为专用标准，纳入轻工部的标准分类目录。

十五、张俊德

1946 年生，重庆荣昌人，国家非物质文化遗产"荣昌陶制作技艺"项目重庆市级代表性传承人，荣昌区工艺美术师。1958 年至 1961 年，他在荣昌县夏布厂工作。1961 年至 1966 年，他在荣昌陶器厂工作，曾任技术科试制组组长。1999 年到 2014 年，先后受聘于碧波艺苑陶艺研究所、重庆市鸦屿陶瓷有限公司，主要承担工艺美术陶的研制、开发、生产工作。2015 年受聘于重庆阳光国旅在荣昌区陶艺大师园开办的"巴渝尚品"陶艺工作室。迄今为止，他从事荣昌陶器研发、生产已有 50 多年，全面掌握了荣昌陶器造型、制坯、制釉、刻花和烧成等工艺。

1978 年，张俊德开始参加厂里新产品研制工作，先后有 40 多个品种参加国际和国内大型展览并获奖（图 4-3-19）。1984 年，作品获国家轻工部旅游博览会"金龙奖"。1986 年，作品分别获得国家外贸部"出口产品优胜奖"、重庆市政府新产品开发"百花奖"。1989 年后，除自己研制之外，主要工作是教授徒弟制陶，至今已有 30 多人学有所成，成为制陶骨干及区县级陶艺师、传承人。

图 4-3-19 陶制茶具（张俊德创作）

图 4-3-20 龙瓶（罗天锡创作）

十六、罗天锡

1948 年生，重庆荣昌人，国家高级工艺美术师、重庆市工艺美术大师、国家非物质文化遗产"荣昌陶器"项目重庆市级代表性传承人。曾任荣昌陶器厂技术科科长、荣昌陶器研究所所长、合资企业技艺总监和厂长、四川省工业设计协会理事、四川工艺美术协会雕塑专业委员会委员、重庆雕塑研究会理事、多届四川陶瓷评比会评委等。2017 年 12 月，国家文化部公示为国家级非物质文化遗产（荣昌陶器制作技艺）代表性传承人。

罗天锡从事陶瓷专业工作 50 余年，致力于继承传统和不断创新的研究与探索，精通陶瓷工艺，擅长手工精品制造，善于把握传统与现代的结合，坚持在继承传统的基础上创新，作品以挺秀灵巧、装饰手法独特而著称。先后有 80 余件次作品到英、美、法、德、加拿大等 20 多个国家参展，个人作品《凤形酒具》《龙瓶》（图 4-3-20）等参加国外展出，并曾作为国家对外馈赠礼品。1992 年，他作为西南地区唯一代表，参加"中国青年陶瓷艺术家代表团"出访日本。

从 1970 年到 2010 年，先后有 110 余件次作品获省市以

图 4-3-22 "荷塘倩影"花瓶（梁先才创作）

图 4-3-23 绞泥微型泡菜坛（刘吉芬创作）

获第七届中国（重庆）国际工艺品、旅游商品及家居饰品博览会"茶花杯"金奖。2015 年，刻花花瓶《荷塘倩影》（图 4-3-22）荣获由中国轻工业信息中心组织举办的中国传统工艺美术精品展"巧夺天工·金马奖"金奖；作品《缘》荣获中国工艺美术精品博览会"国艺杯"银奖；出版《安陶风》精美画册。2017 年，参加首届中国四大名陶展，他牵头设计制作的"荣昌八景刻花瓶"获银奖。

十八、刘吉芬

1950 年 10 月生，重庆荣昌人，重庆市工艺美术大师，荣昌区工艺美术师，国家非物质文化遗产"荣昌陶器制作技艺"项目荣昌区代表性传承人。刘吉芬从小受到父辈们制陶的熏陶，16 岁便开始学习手拉坯制作、造型、制釉、烧成等全套工艺。1974 年 8 月，贵州省习水县政府聘请刘吉芬创建当地第一家工艺美术陶瓷厂，次年元月顺利建成。当地政府续聘刘吉芬担任生产、技术厂长。1984 年，刘吉芬荣获习水县科技成果四等奖。1986 年，获贵州省旅游局、民族事务局、二轻工业局联合颁发的"黄果树杯"一等奖。2006 年 7 月，刘吉芬参加"开磷杯"多彩贵州旅游商品设计，荣获"遵义名创"鼓励奖，制作能工巧匠"遵义名匠"三等奖。2004 年 6 月，被聘为重庆市鸦屿陶瓷有限公司产品设计师，期间带徒多名，为发展和传承荣昌陶器的传统工艺与文化做出了巨大贡献。2013 年 11 月，刘吉芬参加中国工艺美术协会在广西钦州举办的第五届中国工艺美术技艺大赛，以"微型泡菜坛"独特技艺，获得陶瓷手工造型项目的唯一金奖（图 4-3-23）。

十九、向新华

1954 年生，重庆荣昌人，国家非物质文化遗产"荣昌陶器制作技艺"项目重庆市级代表性传承人，荣昌区工艺美术师，"荣昌陶"手拉坯成型技艺向氏第十一代传人。自小随父学艺，从事制陶 50 多年，技术纯熟，工艺精湛。1968 年 8 月，开始在安富鸦屿村下兴窑厂学习制陶技艺。1973 年 10 月，到荣昌陶器厂工作。1974 年 5 月，由厂里派送到贵州习水县工艺美术陶厂作技术指导、培训工作。1978 年 10 月，到荣昌陶器厂从事手拉坯制作。2001 年 10 月，到荣昌鸦屿陶瓷公司从事手拉坯制陶。2004 年 3 月至 2006 年 2 月，被四川标榜职业学院特聘为陶艺系教师。 2006 年 3 月，受聘到浙江省义乌市鑫辉工艺美术陶有限公司，担任陶艺技术指导。2010 年 3 月，到重庆世国华陶瓷工艺制品有限公司从事工艺陶研发工作。2011 年，获重庆市优秀专业技术员称号。目前，创办了自己的陶艺工作室。

图 4-3-24 "巴蜀风云"陶瓶（向新华创作）

1982 年，向新华的作品荣昌泡菜坛 1-7 号获轻工部金奖。1985 年，作品《高颈宽肩瓶》获四川省轻工厅银奖。2010 年，作品《窑变釉反口大肚瓶》获重庆市第三届工艺美术博览会金奖，作品《古风》《生命之树》《双耳反口花釉瓶》获铜奖。2011 年，参加在广西钦州举办的全国第三届陶瓷技艺大赛获手工造型铜奖，与他人合作的作品《花之韵系列》获银奖。2012 年，作品《手拉坯剪纸刻花系列》获重庆市第五届工艺美术博览会金奖。2013 年，作品《开窗花瓶》获重庆市第六届工艺美术博览会银奖；作品《茶源》获中国传统工艺美术精品展"金马奖"银奖。其作品《巴蜀风云》（图 4-3-24）由手拉坯制作而成，因其充分体现荣昌陶绞泥特色，恍若自然风云变幻，极为引人入胜，而受到广大消费者喜爱。

图 4-3-28 绿釉梅瓶（肖祥洪创作）

到德阳石刻管理处、荣昌安北陶器厂、钟鸣陶艺工作室、碧波艺苑陶艺研究所，从事陶器设计、制作。2014 年，开办了自己的陶艺工作室。其代表作有《灯笼直筒瓶》《金砂釉非洲少女》《绿釉梅瓶》（图 4-3-28）、《泡菜坛》《蛋形绞泥壶》《少女的童年》《金蟾吐币》等。2014 年，作品《螺纹钧釉花瓶》被日本东京大学岛田文雄教授收藏。同时，肖祥洪致力于色釉研发，恢复了部分失传的釉料制作。

第四节 荣昌窑外来陶艺家

近年来，荣昌区在实施荣昌陶产业振兴战略中，有计划、有针对性地引进一批外地陶艺家入驻、落户。其中有江苏宜兴、广西钦州、云南建水、江西景德镇、湖南醴陵等国内知名陶瓷产区的专家、学者、大师，也有其他地区的大师、专家。总体上看，具有一定的代表性，说明荣昌这个地方独具魅力。

一、卢尚平

号巴国后主，1943 年生，江西省景德镇人。1963 年，毕业于景德镇陶瓷学院美术系设计专业，现为高级工艺美术师、中国陶瓷艺术大师、重庆市工艺美术师、中国工业设计协会会员、中国陶瓷工业协会专家组专家、重庆市工业协会理事、重庆大学客座教授、重庆市科技咨询专家、学术带头人、政府津贴获得者。2008 年以来，担任世国华陶瓷工艺制品有限公司艺术总监，研制陶瓷新产品，设计了《五彩束口天球瓶》《五彩蛋瓶》《双耳兽首罐》《壶灵》（图 4-4-1）茶壶等，

图 4-4-1 壶灵（芦尚平创作）

受到市场欢迎。其中，"新非遗"茶壶一度开创荣昌陶作品单件最高销售价格。目前，他在荣昌安富街道开设了"后主坊陶艺工作室"。

从艺 50 多年来，卢尚平多次获奖，国画、书法、文学均有研习，且卓有建树，最终落笔陶瓷设计，享有盛誉。作品多次荣获国内外设计大奖，其中以"海为龙故乡，龙是海之魂"为主题创作的日用瓷系列产品，曾先后获得"首届中国外观专利设计大赛"一等奖，"第七届全国艺术创新评比"一等奖，"2004 年中国工业设计大赛"银奖等。

二、田家祥

1954 年生，天津人，大专学历，擅长根艺陶器设计制作，现为国家高级工艺美术师，重庆市工艺美术大师，云南省陶瓷艺术大师，云南省工艺美术研究所造型装饰设计师，云南省工艺美术行业协会陶瓷专家组专家，中国工艺美术协会高级会员。

田家祥自幼喜爱书画艺术，1985 年进修于景德镇陶瓷学院。其后，一直醉心于陶器创作，特别是根艺陶器。他的

图 4-4-2 根艺天高云淡缸（田家祥创作）

图 4-4-3 "咏梅"（毛建崇创作）

根艺陶器朴厚、古拙、典雅、自然，沿袭传统的制作方法，运用独创的制作工艺，以大手笔、粗线条、重特征、慎雕饰之艺术方法，施以巧妙变化，将根艺造型嫁接在传统器型之上。他的作品多次在国内获奖，众多作品被国内外人士收藏。2012 年，作品《根艺天球瓶》《根艺提梁壶》获中国·昆明彩云之陶艺术节"彩云杯"中国名陶金奖，作品《根艺梅瓶》《根艺长寿壶》获银奖。2012 年，作品《烟霞根艺卷筒》获省工艺美术第六届"工美杯"精品评选银奖，作品《松涛根艺卷筒》获优秀奖。2013 年，作品《白泥手绘提梁壶》获省工艺美术第七届"工美杯"精品评选银奖，作品《紫陶根艺筒瓶》获优秀奖。作品《根艺天高云淡缸》（图 4-4-2）因其独特的造型、细腻的制作工艺，亦受到收藏者喜爱。2015 年，他在安富街道开设了"田家祥陶艺工作室"。

三、毛建崇

1959 年生，湖南醴陵人，别号湘醴人、老顽童，曾任湖南省陶瓷研究所艺术陶瓷室主任、原轻工部陶瓷援外专家组成员、重庆世国华陶瓷制品有限公司总工程师，现为重庆市工艺美术大师中国陶瓷工业协会会员、重庆市工艺美术协会理事、荣昌紫精轩陶艺工作室负责人。毛建崇出生于陶瓷世家，具有丰富的理论和实践经验，主要从事陶瓷工艺、美术、雕塑、雕刻、设计与制作，尤其擅长陶瓷雕塑、个性化设计与制作。

毛建崇的陶艺作品多次获省、部级奖。近年来，主要有：《咏梅》（图 4-4-3），2011 年获第 4 届重庆市工艺美术博览会金奖；《花之趣》，2012 年获第 5 届重庆市工艺美术博览会创新奖；《荷》，2013 年获第 6 届重庆市工艺美术博览会金奖；《咏梅》，2013 年获第 14 届中国工艺美术大师精品

"金马奖"金奖；《窑变釉天球瓶》，2015 年获第 8 届重庆市工艺美术博览会金奖，另有雕塑《悟》获银奖。

四、李开佐

1961 年 12 月生，四川成都人，陶瓷工艺高级工程师，重庆市鸦屿陶瓷有限公司技术顾问，李开佐技能专家工作室首席专家，成都市第十届政协委员，四川省工艺美术学会常务理事，四川省玻陶搪学会常务理事。

图 4-4-4 砂金釉花瓶（李开佐研制）

李开佐从 1978 年开始，从事陶瓷生产技术管理、研究、教学工作，作品《黑色无光釉花插》获 1985 年景德镇国际陶瓷博览会金奖；主持研究的项目《窑炉废渣综合利用》获成都市技术进步二等奖，主持设计的煤烧推板窑项目获成都市技术进步三等奖；《利用当地原料生产无光釉工艺品》《铝盐粘接剂的配制》《裂纹釉的研究》《大红釉在陶瓷酒瓶上的应用》等多篇论文在全国一级技术刊物上发表。《大红釉在陶瓷酒瓶上的应用》项目列入四川省科技厅 2012 年四川省科技支撑计划，2014 年通过省级鉴定验收。2013 年，经重庆市委组织部、市人社局等部门审批，在安富街道创办"李开佐技能专家工作室"，致力于荣昌陶工艺美术作品的研究开发。近期研究开发出的《砂金釉花瓶》颇受消费者喜爱（图 4-4-4）。

五、周寅初

1962 年生，江苏宜兴人，民间工艺师，荣昌区陶瓷学会副会长。20 岁开始从事紫砂壶制作，至今已有 30 年的制壶经验。他精通泥料炼制与配比，熟悉各种泥性的特点，对陶器的各种泥料有着独特的见解，尤其擅长各类荣昌陶壶设计制作，如《掇子》《秦权》（图 4-4-5）。20 世纪 90 年代开始，其作品远销欧美，深受国际友人喜爱。2013 年，他受聘前来安富教授陶壶制作工艺，带徒 40 人。2014 年，十分看好荣昌陶发展前景的周寅初携家带子，前来荣昌安富落户，投身于荣昌陶事业，创办了"周寅初陶艺工作室"。当年与华岩寺合作、以荣昌陶壶为载体的《华岩八景》创作成功，深受广大壶友喜爱，并被道坚法师永久收藏。

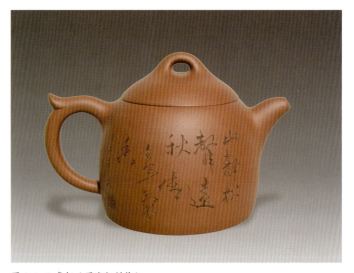

图 4-4-5　秦权（周寅初创作）

妻子高顺兰和儿子周健在其工作室从事荣昌陶艺研制、生产。高顺兰主要采用开片技法手工制壶，将宜兴制壶技术与荣昌陶泥完善结合，研制的作品典型大方，造型别致新颖，颇受市场欢迎。周健毕业于重庆工商大学，现为荣昌区工艺美术师，其研制重点是雕刻，采用铁线刻花法，笔触细腻，运功独到，用现代时尚技法来展现荣昌陶作品的独特魅力，尤其是其巴渝风物茶壶受到业内人士喜爱。

六、苏仟详

1986 年生，广西钦州人。2009 年，苏仟详毕业于四川美术学院现代陶艺专业，现任职于四川美术学院。受父辈影响，自小喜爱陶艺，多年来致力于现代陶艺的研究与创作。2011 年，获评首届成都国际非遗文化节联合国非遗传承人，荣获首届"彩云杯"工艺美术大奖赛金奖。2012 年，荣获南昌"百花杯"工艺大奖赛银奖，参加香港国际坭兴陶精品展。2013 年，荣获扬州"金凤凰杯"工艺大奖赛银奖。2015 年，参加重庆"泥土的语汇"当代陶艺联展、首届上海国际柴烧艺术节联展等。2014 年，在荣昌安富创办"木措柴烧工作室"。该工作室的创办，基于荣昌陶土富含各种有益于人体的微量元素而显现出了产品多样化和审美多元化，以柴窑烧成为技法途径，主要研究荣昌陶在传统窑炉及燃料中烧成的可能性。经过一年的研究，已有一批精品面世（图 4-4-6）。2017 年参加首届中国四大名陶展，作品《镜色研究——观澜》获银奖。

图 4-4-6 柴烧壶（苏仟详创作）

图 4-4-7 吊脚楼挂盘（张海文创作）

七、张海文

1955 年生，国家高级工艺美术师，重庆市工艺美术大师，重庆工艺美术行业协会副会长，重庆市经济信息委评审专家组成员。1983 年毕业于江西景德镇陶瓷学院美术系，1984 年进入重庆硅酸盐研究所陶瓷研究室，先后承担国家科委的"华蓥山金砂釉的开发与利用""攀枝花钒钛磁铁矿矿渣在陶瓷釉料中的运用"等科研项目。张海文多年来一直关注和致力于荣昌陶设计创作，重点针对荣昌陶刻花传统项目的造型以及刻绘的研究与表现（图 4-4-7）。在荣昌安富建立了独立的陶艺工作室。

1987 年，他创作的陶瓷壁画《傣乡姑娘》获第二届中国科技发明展银奖。1989 年，陶瓷艺术作品《陶瓷文具》获首届中国长江民间工艺艺术品银奖。1990 年，陶瓷艺术作品《无光裂纹釉六头文具》获首届"陶都景德镇杯"国际陶瓷精品大奖创作奖。1991 年，陶彩釉挂盘获"91 重庆工艺美术品展览"创作设计百花奖。2009 年，陶瓷作品《唐三彩挂件》荣获第二届重庆市工艺美术展银奖。2012 年，陶瓶《山水重庆》荣获 2012 中国（重庆）"长江杯"国际工业设计大奖赛工艺品及旅游纪念的设计单项赛入围奖。2013 年，影青釉刻花瓷盘《巴渝人家》由上海工艺美术博物馆收藏。2015 年，荣昌陶刻花瓶《山水重庆》获重庆市首届十大文博创意产品设计奖。2016 年，陶艺作品《黄桷树下》获第五届中国（重庆）文化产业博览会工艺美术大师作品暨国际工艺美术精品展金奖。2017 年，陶刻作品《天边飘过故乡的云——春夏秋冬》获首届中国四大名陶展银奖。

八、梁大

1953 年生，重庆人，重庆市工艺美术大师，曾任职于四川美术学院工艺系。1977 年开始师从于其父梁启煜教授。梁大对荣昌陶充满深厚感情，长期与荣昌制陶艺人保持密切联系。在大学任教期间，一直从事陶瓷艺术的创作、科研与教学辅导，尤其擅长制釉技术（图 4-4-8），陶釉配方广泛应用于教学活动和其他教师、广大学生的陶艺作品中，受到业内外人士的广泛称赞。2015 年底，开始在荣昌陶艺大师园创办自己的陶艺工作室。其女梁庆任教于四川外语南方翻译学院艺术学院设计系，长期从事设计与陶瓷艺术的创作，作品《夏娃的诱惑》2006 年获四川美术学院设计二等奖，2009 年在重庆创办自己的陶艺工作室。

图 4-4-8　安陶（梁大创作）

第五节　荣昌窑当代陶艺师

1949 年后，荣昌窑获得新生，荣昌陶器生产进入了新的发展时期，一批制陶艺人也伴随着这个时代出生、成长和逐渐成熟起来。如今，他们有的已经走在了中年的"尾巴"，有的正是人生中的"黄金"时期，有的则刚刚走在事业的"起跑线"。事实上，荣昌陶的发展，制作技艺的传承，陶产业的做大做强，无论是现在还是将来，都离不开这些制陶艺人。因此，这里对目前正在从事荣昌陶艺研发、生产、设计的部分陶艺师和专业人员，进行简要介绍。

图4-5-1 湖广填四川刻花瓶（黄华荣创作）

一、黄华容

1957年生，重庆荣昌人，荣昌区工艺美术师，国家非物质文化遗产"荣昌陶器制作技艺"荣昌区代表性传承人，擅长陶艺刻花。1978年，到荣昌陶器厂工作，直至该厂破产。随后，先后受聘于世国华陶瓷工艺制品有限公司、华荣陶瓷工艺制品有限公司，任工艺刻花部主任。她主创的《往事系列》剪纸刻花天球瓶作品，采用荣昌陶传统的剪纸剔刻花装饰手法，以一组怀旧情调的人物，充分展现了荣昌陶装饰风格的新颖和独有的地方特色。《剪纸刻花缸、罐、瓶系列》作品采用荣昌传统的剪纸剔刻花装饰手法，3种中高低器型搭配得恰到好处。2010年以来，连续参加重庆市工艺美术博览会，她参与创作的作品有8件分别获得金奖2枚、银奖2枚、铜奖4枚。其中，《窑变釉反口大肚瓶》2010年获金奖，《剪纸刻花系列》作品2012年获金奖。2013年，参与创作《湖广填四川》（图4-5-1）花瓶系列，并主持字画创作、刻花工作，顺利完成任务，得到广泛称赞。

二、范鸣

1957年8月生，重庆荣昌人，国家非物质文化遗产"荣昌陶器制作技艺"项目荣昌区代表性传承人，荣昌区工艺美术师。1977年12月，招工进入荣昌陶器厂，学习刻花、点花、接斗等，不久调入试制组参加新产品粘接、刻花、点花等试制工艺。这期间，在钟德江、刘大华、何光齐、张俊德等老师的指导下，技术上有了很大进步。1986年，获荣昌陶器厂首届青工技术练兵活动"刻花标兵"称号。1985年，参加四川省职业教育函授中心陶瓷专业学习，并取得毕业证书。1988年10月，调入湖北宜昌市彩陶厂从事产品试制设计工作，把荣昌陶的刻花、点花推广出去，生产了许多佳作，如台灯座、刻花挂盘、花鹿、刻花茶具、文具彩釉挂盘、釉点花茶具等。1992 年 12 月，评为助理工艺美术师技术职称。2012 年 3 月，共同创建钟鸣陶艺工作室。2013 年，荣获荣昌区首届职业技能大赛陶瓷刻花项目一等奖，并获"技术能手"称号。近年来，研制开发的粗陶茶具（图 4-5-2），受到人们关注。

图 4-5-3 绞泥罐（李绍荣创作）

图 4-5-2 粗陶茶具（范鸣参与创作）

三、李绍荣

1962 年 12 月生，初中文化，荣昌区工艺美术师。1980 年 12 月，李绍荣到荣昌陶器厂工作，学习制陶技艺，由于热爱手拉坯制陶，加之勤学苦练，很快成为厂里年轻人中手拉坯制陶的佼佼者。从 1996 年至 2013 年 12 月，先后到成都吕艺彩陶有限公司、成都蜀乐贸易有限公司，从事手拉坯制陶工作。2014 年 2 月，受聘到重庆鸦屿陶瓷有限公司工作。李绍荣从事手拉坯制陶 30 余年，默默无闻，但亲手制作的陶器精品却不计其数，比如独具魅力的《绞泥罐》（图 4-5-3）。三十多个春秋，李绍荣兢兢业业工作，在平凡的岗位为荣昌安陶的传承发展贡献力量。2014 年 5 月，他参加荣昌县第二届职业技能大赛，获陶瓷手工成型工项目三等奖。

图 4-5-4 荣昌陶壶（郭绍清创作）

图 4-5-5 刻花泡菜坛（肖祥君参与创作）

四、郭绍清

1963 年 4 月生，荣昌安富人，荣昌区工艺美术师。1979 年，郭绍清招工到荣昌陶器厂，开始学习手拉坯技术。10 年后，调入隆昌美术陶瓷厂，从事手拉坯工作。2011 年，受聘到重庆世国华陶瓷有限公司从事手拉坯工作。2014 年，受聘到李开佐技能专家工作室，从事陶器研制、生产工作。几十年来，郭绍清潜心于陶艺传承发展，默默无闻地工作，取得较好成绩。2004 年，他被隆昌县工艺美术陶瓷厂授予"先进工作者"称号。2013 年，参加荣昌县首届职业技能大赛，获手拉坯成型二等奖。2014 年，参加第二届荣昌县职业技能大赛，获手拉坯成型二等奖。他的手拉坯茶壶，于平淡之中见功力，体现了传统荣昌陶的特色（图 4-5-4）。

五、肖祥君

1963 年 8 月生，国家非物质文化遗产"荣昌陶器制作技艺"荣昌区代表性传承人，荣昌区工艺美术师。肖祥君出生于陶艺世家，从小受父辈陶艺熏陶，自初中毕业便跟随父亲学习陶瓷装饰，1979 年 5 月经特招进重庆市荣昌陶器厂工作，在名师张华英的精心指导下，从事刻花装饰、陶器产品接斗工作。1986 年，在全厂青工技能竞赛中获"刻花冠军"称号。2001 年，获重庆市劳动和社会保障局颁发的陶器装饰高级技能职业资格证书，同年受聘到重庆鸦屿陶瓷有限公司担任刻花装饰指导。随后，到碧波陶艺研究所从事工艺陶装饰工作。2009 年，再次受聘到鸦屿陶瓷有限公司从事刻花装饰至今。2013 年 5 月，参加荣昌县首届职业技能大赛，获陶瓷刻花项目二等奖。肖祥君的作品以化妆土刻花为主，如《刻花泡菜坛》（图 4-5-5），另有点花、剪纸贴花、雕填、刷花等工艺手法，图案设计灵巧、简练明快、造型优美、纹饰大方、质朴自然而富于变化，具有浓郁的地方特色。

六、刁显超

1965 年 3 月生，中共党员，首届荣昌县工艺美术师。刁显超于 1981 年进入重庆市荣昌陶器厂工作，跟随谢富全师傅学习手拉坯制陶技艺，由于勤奋好学技术过硬，4 年学徒期满后成为荣昌陶器厂年轻一代手拉坯制陶的骨干力量。2013 年 3 月，受聘到鸦屿陶艺工作室，继续从事手拉坯制陶。2013 年 5 月，参加荣昌县首届职业技能大赛，获陶瓷手工成型工项目三等奖。2013 年 11 月，参加中国工艺美术协会在广西钦州举办的第 5 届中国工艺美术陶瓷技艺大赛，获陶瓷造型技艺项目优秀奖。2014 年 5 月，参加荣昌县第 2 届职业技能大赛，荣获陶瓷手工成型工项目一等奖。他的手拉坯茶盅，下半部分适当配以绞泥装饰，颇为独特（图 4-5-6）。

图 4-5-6 绞泥茶盅（刁显超创作）

七、林诚忠

1966 年生，荣昌区工艺美术师。1986 年起，先后在荣昌工艺陶厂、新疆玛纳斯陶瓷厂从事雕塑、造型工作。2009 年，受聘到重庆鸦屿陶瓷有限公司工作。他擅长工艺陶雕塑、造型设计、手工刻花等技艺，其作品以动物雕塑为主，造型朴实自然、惟妙惟肖，有着粗犷、野性之美，深受顾客好评，极具观赏及收藏价值。同时，人物作品表现细腻，情感独具，栩栩如生（图 4-5-7）。1986 年，获荣昌县政府授予雕塑专业助理技术员称号。2013 年 5 月，在荣昌县陶瓷技艺大赛中获雕塑成型二等奖。2015 年，参加中国陶瓷工业协会、中国财贸轻纺烟草工会组织中职业技能大赛广西片区赛，获雕塑

图 4-5-7 人物雕塑（林诚忠创作）

图 4-5-8 刻花大花瓶（严昌成创作）

成型第三名。随后参加在景德镇举办的中国技能大赛——首届"古窑杯"陶瓷成型职业技能全国总决赛，因成绩突出，被授予"全国陶瓷行业技术能手"荣誉称号。2016 年，到广西钦州参加由中国陶瓷工业协会和钦州市人民政府主办的陶艺大赛，获雕塑项目铜奖。

八、严昌成

1965 年生，国家非物质文化遗产"荣昌陶器制作技艺"项目荣昌区代表性传承人，荣昌区工艺美术师。1982 年，严昌成高中毕业后到荣昌陶器厂泥料车间工作。1984 年开始，先后从事注浆成型、半成品接斗、拉坯学习与制作等工作。1986 年至 1989 年，在隆昌渔箭陶厂从事民用陶制作。1990 年 5 月，回到荣昌陶器厂，从事新产品研发。随后，在多个省市从事带徒、传艺和陶器设计，以及园林摆件、酒具、工艺品等陶瓷品制作。2012 年 2 月，受聘到重庆鸦屿陶瓷有限公司工作。其间，单独或与他人合作的作品多次获奖，如：1993 年与罗天锡合作的作品《秋》赴日本展出；2008 年获中国福建"海丝杯"陶艺赛手拉坯银奖，作品《奥运五环鼎》获铜奖；2010 年与贵州陶协会长王建山合作的作品被国家博物馆收藏。2011 年参加"多彩贵州"竞技大赛，作品《民族大团结》荣获特色奖；2011 年在贵州省首届陶瓷展中，作品《竹编鱼篓泡菜坛》荣获贵州省陶瓷设计艺术作品展金奖。近年来在鸦屿公司创作的《刻花大花瓶》（图 4-5-8），受到消费者喜爱。

九、吕玉成

1969 年 11 月生，荣昌区工艺美术师。1985 年，开始学习陶器制作、产品设计。1989 年，到荣昌县东民陶厂工作，学习产品设计、模具制作。1990 年起，到鸦屿陶器厂担任专职产品造型，其间到安富中学陶艺班任教一年，参与了该校陶器教材的编写工作。2009 年，到重庆世国华陶瓷工艺制品有限公司主持新产品开发。2002 年，吕玉成设计制作的陶瓷包装《书瓶》获该年度成都糖酒会酒类包装优秀奖。2010 年，他设计创作的陶艺《蜗居》获重庆市第 3 届工艺美术博览会铜奖。2011 年，设计创作的陶艺《融融》获重庆市第 4 届工艺美术博览会优秀奖。2012 年，设计创作的陶艺《伤痛》获重庆市第 5 届工艺美术博览会铜奖。2005、2011 年两次被重庆市工艺美术大师评审领导小组授予重庆市工艺美术优秀专业技术人员。从 1992 年至今，独立设计、制作的陶瓷包装品种上万个，为荣昌陶创造了较大的经济和社会价值。近期创作的《镂空罐》（图 4-5-9），造型和工艺都较为独特。

图 4-5-9 镂空罐（吕玉成创作）

图 4-5-10 "微刻"作品（吴华生创作）

十、吴华生

1955 年 8 月生，四川内江人，荣昌区工艺美术师。从事书画、雕刻近 40 年，擅长石、木、竹、陶雕刻，作品受到专家、学者的高度评价与肯定，是中国工艺美术协会（雕刻艺术专业）会员，是中国健身象棋发明者，他发明的健身象棋被第 11 届亚洲运动会组委会收藏。2015 年，在荣昌安富创办陶语堂陶艺工作室。吴华生把中国书法、绘画运用在陶器上，形成书、画、刻于一体的综合技艺，能独立完成陶器的字画装饰，是荣昌陶微刻技艺的倡导者，可以在一把普通陶壶上微刻近 1000 字。曾获四川省书法协会、省总工会书法雕刻一等奖。2016 年 12 月，参加在广西钦州举行的中国名陶技艺大赛（茶壶设计制作）获书法雕刻项目铜奖（图 4-5-10）。

图 4-5-11　国色天香天球瓶（梁洪萍创作）

十一、梁洪萍

1975 年 1 月生，荣昌安富人，国家非物质文化遗产"荣昌陶器制作技艺"项目荣昌区代表性传承人，荣昌区工艺美术师，现为重庆鸦屿陶瓷有限公司副总经理、李开佐高技能专家工作室综合部主任。受父亲梁先才的影响，梁洪萍从小喜爱制陶。1996 年 7 月，职高毕业后到父亲创办的陶瓷厂工作，在父亲的精心教导和培养下，她勤奋好学，刻苦钻研，很快就掌握了制陶的全部技术和工艺流程。为使陶器做得更加精美、更能体现荣昌陶的特色，梁洪萍又在陶器装饰和釉料配方面狠下苦功，熟练掌握了陶器装饰的相关技术。《国色天香天球瓶》（图 4-5-11），是她借鉴其他地区制陶技艺而制作的产品，对于荣昌窑产品的创新开发具有较好的引领作用。2001 年，获国家劳动和社会保障部颁发的"陶器装饰"二级技师称号。

十二、王艳

1980 年 7 月生，祖籍河南省新乡市，现已迁居到重庆市荣昌安富街道，荣昌区工艺美术师。1997 年，王艳考入河南省艺术师范学院，就读美术专业，学习素描、水彩、水粉设计等。2010 年，在潮州松发陶瓷工艺有限公司从事工艺品设计、捏花。2012 年，在世国华陶瓷工艺制品有限公司工作，师从陶瓷专家毛建崇，学习工笔画、釉下彩以及陶瓷工艺设计，并向荣昌陶器艺人黄华容学习陶器刻花技术。2013 年，在重庆山神漆器有限公司工作，向漆艺师刘淑珍学习漆画技术。几年来，王艳比较熟练地掌握了雕塑、雕刻、捏花等陶艺制作技法，并在传统剔雕手法基础上，创造性地开展"点雕法"，把现代工艺美术方法与荣昌陶传统技法结合起来。2014 年，王艳

与他人合作，创办"紫精轩陶艺工作室"。2015 年，其作品
《高温釉下彩八件套》获第八届重庆市工艺美术博览会银奖；
参加荣昌区陶艺大赛，获刻花项目一等奖、雕塑项目三等奖。
《彩球》作品（图 4-5-12），是王艳在传统剔花工艺上，采
用点雕刻花工艺和釉彩艺术相结合的技法，新近创作而成。

图 4-5-12 彩球（王艳创作）

十三、贺玉彪

　　1980 年 11 月生，荣昌富艺陶瓷有限公司总经理，荣昌区
工艺美术师。贺玉彪出生于陶瓷世家，其父贺元刚曾承包下
兴古窑陶厂。1999 年，高中毕业后正式随父学艺，在雕塑（图
4-5-13）、模具、手拉坯、雕刻花和产品设计等方面，均有
涉及。他多次去景德镇、宜兴等地学习交流，熟悉了制陶各
个阶段的工序流程。2013 年参加陶艺培训班，获优秀学员称号。
同年，参加"中国梦·劳动美"荣昌县第二届职业技能大赛，
荣获拉坯项目优秀奖。2015 年，参加荣昌陶青少年实训基地
陶艺大赛获得拉坯项目鼓励奖。他还将自己所学的刻花、点花、
贴花、耙花、绘画等工艺技术传授给公司员工，并与他们一起，
创新和发展刻花工艺。目前，公司发展状况良好。

图 4-5-13 人物雕塑（贺玉彪作品）

十四、刘冬

　　1986 年 10 月生，荣昌区工艺美术师。自小习陶，2003 年，
受聘到成都藏羌博物馆担任专职雕塑师。2004 年，他设计制
作的雕塑作品《南朝瑞兽》受到金庸先生的好评并收藏。其间，
参与了九寨天堂洲际大酒店以藏羌文化为主题的大型雕塑的
小样创作，以及成都会展中心世纪城的陶瓷艺术摆件的设计
创作。2005 年至今，在安北陶瓷有限公司担任专职产品造型
师。2014 年，设计制作的《悟禅》在荣昌县第二届职业技能

图 4-5-14 安陶壶（刘冬作品）

图 4-5-15 水乡（田密创作）

大赛中获陶瓷雕塑项目二等奖，同时被评为荣昌县技术能手。他擅长陶瓷雕塑、雕花、刻花和设计，较为熟练地掌握了荣昌陶造型、制模、装饰、烧成等制作技艺，是荣昌区最年轻的工艺美术师。《安陶壶》（图 4-5-14）较好地展现了刘冬的工艺技术水平。

十五、田密

女，1976 年生，重庆荣昌人。田密自小跟随父亲田玉川学习陶艺，擅长泥塑和陶器装饰（图 4-5-15）。田玉川曾任荣昌陶器厂模具组组长，20 世纪 70 年代曾到江苏宜兴交流模具设计、注浆、机压成型等制作技艺。2013 年，田密获荣昌县首届技能大赛优秀奖。2014 年，创办陶艺工作室。2015 年，获全县陶艺现场创作比赛优秀奖。2016 年，先后参加国家文化部在中国美术学院、四川美术学院举办的"中国非物质文化遗产传承人群研修研习培训计划班"。同年，陶艺作品《荷塘月色》入选山东省文化厅主办的"非遗与文创——第四届中国非遗博览会之高等院校文创成果展"。2017 年，陶艺作品《鹰击长空》入选在江苏宜兴举行的首届中国四大名陶展。

十六、王峰

山西太原人，1988 年生，2014 年毕业于四川省内江师范学院张大千美术学院，主攻国画、油画等。2011 年，王峰向该校罗太琦老师学习陶艺创作。2013 年，实习并受聘于重庆荣昌世国华陶瓷工作室，从事雕塑、设计等工作。2015 年，与妻子翁燕琼在荣昌区安富街道共同创办新青年陶艺工作室，从事陶艺产品研发和制作（图 4-5-16），以及陶艺体验和陶艺培训等。2011 年，王峰创作的陶艺作品《我们还在》获得

图 4-5-16 香炉（王峰创作）

四川省第六届大学生艺术节一等奖。2012 年，《机器时代》获得内江市废物利用手工大赛一等奖。2014 年，毕业时创作的陶艺作品《笑对人生》被内江师范学院收藏。同年，参加荣昌县陶艺技能大赛获三等奖。2017 年，参加第三届全国职业技能大赛，获广西预赛区三等奖。

十七、管永双

1991 年生，2014 年毕业于四川美术学院，毕业作品《道》入选十二届全国美展。2015，与妻子李云杉来到荣昌区安富镇，创办了西山雨陶艺工作室。随后，先后多次赴深圳、重庆、昆明等地参加陶艺展、文化博览会，作品令各地消费者耳目一新、倍感新奇。2017 年 1 月，搭建"灰一烧"柴烧窑，致力于荣昌陶柴烧美学体系研究。管永双认为，荣昌陶柴烧器皿能承受住 1200℃高温。因此，他致力于追求柴火留在纯手工器物上的痕迹，尤其是火痕所形成的斑驳陆离、光泽古朴的图案和独特视角感知（图 4-5-17）。2017 年参加在宜兴举办的首届中国四大名陶展，管永双、李云杉共同创作的柴烧陶艺作品《梵》获铜奖。

图 4-5-17 柴烧壶（管永双、李云杉创作）

十八、刘吉刚

1963 年生，重庆荣昌人，荣昌区工艺美术师，荣昌陶器区级代表性传承人。刘吉刚出身于陶瓷世家，自小随父辈学习陶器制作技艺。1977 年到下兴窑陶厂工作，后来曾先后在渔箭陶厂、武城陶厂、荣昌陶器厂、成都桂花美术陶厂、新疆石河子、贵州牙洲陶厂等从事陶器生产，迄今已达 40 年。擅长手拉坯造型，尤其是绞泥作品具有较强的流动感，受到业内人士称赞。2016 年，其独创作品《新彩山水图瓷板》被景德镇陶瓷大学继续教育学院永久收藏。2017 年，独创陶艺作品《听涛》（图 4-5-18）参加在宜兴举办的首届中国四大名陶展并获铜奖，与他人合作的陶艺作品《海棠·花枝销》亦同时获铜奖。

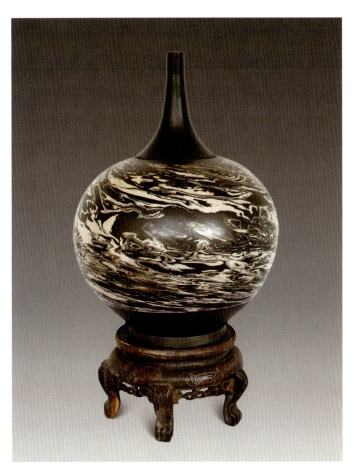

图 4-5-18 听涛（刘吉刚创作）

第五章

荣昌窑产品的风格特征

《周礼·冬官考工记》有云："天有时，地有气，材有美，工有巧，合此四者，然后可以为良……"荣昌陶器是土与火的结晶，更是心与手灵动配合制作而成的艺术品。可以说，荣昌陶器既秉承了华夏遗风，可登大雅之堂；又兼具百般妙用，可入寻常人家。有人如此称赞："尘世俗物，心导之，手舞之，入浴火，获重生，乃成天下之宝器。"荣昌陶器独特的艺术风格、高超的制作工艺、原生态的制作泥料，使之越来越受到世人的喜爱。在这个日益挑剔的时代，荣昌陶器如同刚刚走出闺房的处子，正引来更多关注、赞赏的目光。

第一节 荣昌窑产品的外在风格

风格是指文学艺术创作中表现出来的一种带有综合性的总体特点。风格是识别和把握不同作品之间的区别的标志，也是识别和把握不同流派、不同时代、不同民族之间的区别的标志。荣昌窑偏居中国西南内陆一隅，当地独有的人文地理环境，造就了陶器作品的独特风格。就表现形式而言，有内在、外在的不同风格。另外，由于荣昌独有的红泥、白泥原料，而又形成了绞泥风格。

一、"二元"风格

荣昌窑产品有粗陶和细陶之分。细陶是在粗陶生产基础上发展起来的，属软质陶品，具有浓厚的地方风格。相传，细陶的出现，是当地手工艺人在完成陶器品制作后，洗手时无意中在水池或水盆中，发现沉淀下来的泥料十分细腻，用其制陶，是一种适合于精细产品和优质作品的原料。于是，就此发明了细陶，而这种细腻的泥料又被称为"泥精"和"勒手泥"。泥精，是指泥料的颗粒十分细小，如同精灵一般。这个传说具有多大的可信度，目前难以考证。但可以肯定的是，荣昌窑早在唐宋时期，就已经有了细陶产品，而到了清代，这种细陶产品制作技艺就日臻完美了。

从荣昌窑产品的外在风格来看，这种细陶产品呈现出"二元"风格，即：素烧品与色釉品同时存在，如同"双子星座"，自古及今都闪耀着人文艺术的光芒。这种"二元"风格，被当地人用简单的语言描述为"泥精货"和"釉子货"。即：素烧的陶器产品，被称为"泥精货"，如鸦屿陶艺工作室生产的"绞泥茶具"（图5-1-1）；上釉的产品，称为"釉子货"，如20世纪80年代生产的"钧釉观音瓶"（图5-1-2）。无论是"泥精货"还是"釉子货"，多为工艺陶和日用陶，以泡菜坛、花瓶、罐、缸、坛、茶具、文房用品等著称，是荣昌陶器的精品。

由于荣昌的陶土黏性和可塑性强，烧制的容器虽然没有

图 5-1-1 绞泥茶具（2014 年）

图 5-1-2 钧釉观音瓶（20 世纪 80 年代）

上釉，却具有不渗漏、保鲜好等特点，素有"泥精"的美称，所以这类陶器被称为"泥精货"。"泥精货"一般是素胎素烧，红泥胎质居多；或以红泥胎质施白泥化妆土，采用刻花、剔花工艺雕刻后烧成；或者红、白泥土按一定的比例和方法结合在一起，以手工拉坯制成。这些产品朴实自然，具有天然色泽，给人以古朴淡雅之感。刻花、剔花工艺历经世代艺人的刀刃磨炼，现已非常成熟，是荣昌陶器的显著特点之一。

荣昌细陶配方、化学组成及实验式

料别	配方 %	化学组成										实验式	酸性系数
		SiO2	Al2O3	Fe2O3	TiO2	CaO	MgO	K2O	Na2O	灼减	计		
荣昌细陶坯料	红泥 100	65.32	20.93	5.18		0.13	0.87	2.26		6.08	100.23	$0.126\ KNaO$ $0.098 MgO$ $0.010 CaO$ $\left. \right\}\begin{matrix}0.861 Al_2O_3\\0.139\ Fe_2O_3\end{matrix}\right\}4.7 SiO_2$	1.45
	白泥 100	65.75	21.32	2.25		0.13	1.07	2.38		6.25	99.15	$0.137\ KNaO$ $0.117 MgO$ $0.010 CaO$ $\left. \right\}\begin{matrix}0.938 Al_2O_3\\0.062\ Fe_2O_3\end{matrix}\right\}4.91 SiO_2$	1.5

（摘自《日用陶瓷工业手册》，1984 年 8 月轻工业出版社出版）

　　釉，是附着于陶瓷坯表面的薄层，有与玻璃相类似的某些物理、化学性质，经高温烧制后使陶器表面光洁莹润，增加了陶瓷的美观，尤其是颜色釉和艺术釉更增添了陶瓷作品的艺术价值。荣昌陶器的釉色品种很多，诸如红釉、黄釉、绿釉、黑釉、朱砂釉、天目釉、西绿釉、红钧釉、紫钧釉、乌金釉等，鼎盛时达 100 多种，其中，朱砂釉、西绿釉、黑釉、黄釉等最具特色。前面的章节已经提到过，这里不再赘述。"釉子货"晶莹剔透，叩击其声清脆悦耳，装饰大方朴质而富于变化，烧制时温度起伏产生"窑变"，釉色出现意想不到的变化，从而成为精品、孤品、绝品。

二、"四字"风格

　　传统的荣昌陶，主要是手拉坯成型。这种制作技法对于初学者而言，实在是有一定的难度，有的人可能需要学习、实践几年，才能手工拉出造型符合要求和规范的陶器作品。有的人聪明，领悟能力和实践动手能力强，手拉坯技艺学得快，但也得需要一个过程，绝非一蹴而就的事情。

　　手工拉坯成型作品，主要有罐、缸、瓶、坛、钵、盆、碗、碟等，均为圆形、柱形，或与圆、柱形状有关。在长期的陶器制作中，制陶艺人从千变万化的圆、柱形器物制作的规律中，总结了四个字，来描述这些器物的风格特点，即柳、卵、直、胀。这是荣昌陶器作品中，凡带有圆、柱形状，或与之相关形状的器物、作品，在造型方面的审美要求，也可以说是标准或规范。这四个字是对"变化统一"规律在陶器造型上的形象化说明。这四个字总的含义是：既要求陶器造型变化多姿，但在处理器型曲线与直线的关系中，总的不要脱离"卵"形这个基本形态，才能使器物造型灵巧，饱满而富有生命力。

这四个字的基本含义和审美风格的大意如下：所谓"柳"，指制造的器型轻盈好看，如弱柳扶风，却又风折不断、雨打尤韧。所谓"卵"，即蛋形，圆润自然，一气呵成，浑若天成。这是手拉坯作品最显著的特点之一，尤其能显示出制陶师傅的技艺。所谓"直"，与曲对称，指器型曲、直配合得当，当挺则挺，清秀挺拔。所谓"胀"，指膨胀，引申为饱满。"胀"与"卵"不同之处是，"卵"如鹅蛋，圆而显长，略显轻盈；而"胀"如气球，饱满圆润，却不多余。精美的泡菜坛、茶壶、瓶、钵、罐等荣昌陶作品，无不体现着这四个字的特点。其中，尤其以荣昌泡菜坛（图 5-1-3）更能充分、完美地诠释这四个字的含义。

图 5-1-3　荣昌泡菜坛（20 世纪 70 年代）

除了"柳、卵、直、胀"这四个字所显示出来的造型风格之外，荣昌陶器制作艺人们在长期的实践中，还认识到另外一个造型风格，他们的表述是："造型美或丑，看看底和口。"器物的"口"和"底"是两个非常重要的造型部位。"口"和"底"的变化，会直接影响到器物腹部的曲线部分。一般来说，底大易失其灵巧，过小又欠稳定，因此"口"和"底"必须比例恰当，才能符合器型的整体要求，而达到美观、大方的效果。现在，很多地方在举办陶器制作手工拉坯比赛时，都对器物的底、口、腹部的尺寸作了明确规定，对器物高度也有要求。其实，这就是人们审美意识作用的结果，是人们对于美的器物共同的认识。

另外，荣昌陶器的艺人们在重视造型美的同时，仍始终不脱离方便实用的原则。例如，传统的典型产品泡菜坛，就是为四川人民生活中比较流行的传统习惯——泡咸菜而制作的。其坛身为一卵形，在坛口下周（陶工称"龙口"）有一圈盛水的坛盒（或称坛沿），坛盖插入水中，可使坛内的泡

图 5-1-4 朱砂罐（20 世纪 70 年代）

图 5-1-5 鼓子（清代）

菜与外界空气相隔绝。坛口有一内盖，以防坛沿水进入坛内，使之能较长时间贮放泡菜而不变质。这种结构，早在东汉时期就有其雏形。原重庆博物馆藏有这种器皿，是 20 世纪 50 年代初期人们在修建成渝铁路时，在一个东汉墓中出土的。同时，我国其他地区亦有类似产品。但是，荣昌菜坛在艺术风格上不仅十分显著，而且追求完善的程度也是其他地方难以企及的。

三、"四美"风格

荣昌陶器从外形上看，风格特点十分明显，其艺术上主要追求"四美"，即：造型之美、烧制之美、雕刻之美、釉色之美。

一是造型之美。清代以来，荣昌地区主要生产缸、盆、钵、罐等粗陶产品，朴实自然，有粗犷、野性之美。后来逐步发展到生产"泥精"作品，因而在造型上逐渐形成了以"柳、卵、直、胀"为主要特色的风格。这与北方陶瓷粗、大、厚、重的风格迥然不同。日用器型以泡菜坛、花瓶、罐（图 5-1-4）、茶壶、缸、钵、蒸钵、鼓子（图 5-1-5）、茶具、酒具、文房用品等为主，工艺美术陶以鉴赏品、动物雕塑和烟具为主。它与同期的庙碑、摹刻一样，可以算作南北的合成文化品，最终形成于有着北方、中原、本土三者合一的荣昌陶的定型品。

二是雕刻之美。荣昌陶盛行雕刻和色釉装饰，其中雕刻讲究精准、细腻的技法，具体有刻花、点花、贴花、刁填、耙花、镂空等数十种，主要有"雕、刻、耙、堆"等技法，这些技法均已有数百年历史，极具地方特色，形成荣昌陶独有的文化风格。这些精湛的技法，造就了丰富多彩的纹饰，比如有龙纹、卷草、缠枝、回纹、如意头、工字纹、折带纹、锯齿纹、水波纹、动物（鱼纹、梅花鹿纹特别著名）、人物等，其中以龙纹、卷草纹、缠枝居多。安陶博物馆收藏的《雕填牡丹瓶》不仅造型精巧，而且雕刻技法极为讲究；巴掌大小的《梳毛牛》（图 5-1-6），全身的毛发清晰，可以用"纤毫毕现"来形容。

图 5-1-7 黑釉陶盒（20 世纪 80 年代）

图 5-1-6 梳毛牛（1935 年）

　　三是烧制之美。陶器是泥与火的结晶，烧制陶器，温度必须适中，稍有不慎，满盘皆输，何况荣昌陶制作时讲究技法，坯体薄，是以有"薄如纸"之说。荣昌陶从唐宋时期到现代，演变了上千年的历史，在民窑中大多使用甑子窑、龙窑、倒焰窑、阶梯窑等结构。烧制的燃料中，广泛使用当地的松柴、煤等资源。烧窑师傅凭借精湛的烧制技术，通过 20 多小时到几天几夜，在窑室温度 1100℃~1180℃时，通体红亮的坯体吸收松柴和煤的有机成分，达到坯体釉色（如天目釉、西绿釉、天目花釉、朱砂釉、红钧釉等）发生自然变化和窑变。这一只黑釉陶盒（图 5-1-7），上下两部分均采用独特的釉料配方，经烧制后呈现独特的黑中泛蓝色彩。总之，只有泥质、工艺、火候都达到上乘，产品才会达到理想效果。倘若用木柴素烧，成品会色彩多变，自然天成，恰似饱蘸了万千釉料。

这正是荣昌陶之土与火的魅力。陶器釉色表面光洁明亮如镜，自然不与雕饰，色彩富于变化。可以说，荣昌陶成品无论时间久远与否，敲击时都会发出金属之声，清脆动听，这一点与早期的宜兴紫砂壶不同。民间流传着一句民谣："红如枣，薄如纸，声如磬，亮如镜。"这是对荣昌陶作品最真实的写照。因此，荣昌陶与中国其他三大名陶比较，称得上是独具一格。

四是釉色之美。陶器上釉，这在荣昌陶生产中比较普遍，主要是一直继承唐、宋以来的色釉装饰，发展了各种釉色。品种有当地特有的天然红釉、黄釉、绿釉、黑釉、朱砂釉、天目釉、西绿釉、红钧釉、紫钧釉、乌金釉等等，鼎盛时达一百多种，其中，朱砂釉、西绿釉、黑釉、黄釉最具特色，金砂釉、钧釉等全国罕见，其他各种釉色丰富多彩，更兼烧制时温度起伏，产生"窑变"，釉色又有了意想不到的万千变化。很多美轮美奂的精品都是釉料在窑温作用下产生的，比如《外素内釉笔洗》，盆外素烧，盆内绿釉上点加黑釉，形成宛如五彩水潭的奇妙效果。同时，装饰与釉料相结合，又可以制作出更为繁复多变的荣昌陶精品，比如《钧釉贴花小茶壶》（图 5-1-8），就是上釉与贴花技法形成为一体的精品。

图 5-1-8 钧釉贴花小茶壶（20 世纪 80 年代）

四、"四如"风格

因其独特的泥料和制作工艺，荣昌陶器的外在审美风格，用另外一种表达方式，还可以表述为四句话："红如枣，薄如纸，声如磬，亮如镜。"

具体而言，"红如枣"，主要是指其泥料。由于红泥含铁量高，经高温烧制而成的陶器，呈现出一种类似于枣子的红色，如 20 世纪 80 年代生产的《素烧倒形壶》（图 5-1-9）。这只壶制作工艺比较独特，采取"漏斗"原理，茶水从底部灌入，使用时再翻转过来，能够很好地保证茶水不滴漏。当然，"红如枣"是专指红泥，白泥则无论如何也烧不出这种状态。另外，荣昌陶器的釉色中，朱砂釉特别具有地方特色，与朱砂釉类似的红釉也有很多种，因此有人将施了这类釉的陶器，也看作是对"红如枣"的诠释。"薄如纸"，是指手拉坯制作的陶器，其壁特别薄，如纸般，十分轻巧灵便，最薄的可以达到 0.6 毫米以下。这一技艺早在民国时期就被当地人掌握，比如《素烧蒸钵》（图 5-1-10），十分轻薄，却又十分耐用。之所以能做到这么薄，与荣昌陶泥具有良好的黏性、细腻致密分不开。"声如磬"，是指对陶器产品的叩击，能发出清脆悦耳的金属之声，若古代之磬。这与荣昌陶泥烧结性能好有直接关系。"亮如镜"，是指施釉产品，无论是红釉、黑釉、绿釉等，大多具有透亮的特点，能直接照出人物、影像，如同镜子一般。这个《施釉泡菜坛》（图 5-1-11），因为釉色清亮，光可照人，如同镜子一般。做到这一点，即有泥料的原因，也有釉料配方的原因，更有烧制技巧等方面的原因。

这"四如"特点，并非针对所有荣昌陶器产品。白泥素烧陶器，就不可能做到"红如枣""吨缸"产品也不可能做到"薄如纸"，素烧产品要达到"亮如镜"也是十分困难。

图 5-1-9 素烧倒形壶（20 世纪 70 年代末期）

图 5-1-10 素烧蒸钵（清代）

图 5-1-11 施釉泡菜坛（20 世纪 70 年代）

图 5-1-12　大泡菜坛（2015 年）

图 5-1-13　粗砂茶具（2016 年）

五、"粗砂"风格

传统意义上说，荣昌窑的粗陶很多，而且历史上首先生产的就是粗陶。细陶的出现则相对晚得多。现在看起来，细陶是主打，是文化附加值最多的产品。但是，粗陶产品从来没有停止过生产。较大的罐、缸等器皿，主要是粗陶产品。比如，现在安富街道境内生产的"吨缸"和大泡菜坛（图5-1-12），如果用"泥精"就不合适，不光是成本高，而且也不利于成型。

除此之外，现在安富街道境内的荣昌陶博物馆、陶艺大师园内，很多陶艺工作室也开始生产粗陶产品。这些产品，可以说都是工艺美术陶，或者具有工艺美术品价值的日用陶，如茶壶、茶杯、小型装饰品、小摆件等。这些作品或产品，故意选用"粗泥"制作，以达到一种粗犷、原生态的效果。这种"粗泥"，并非日常生活中常见的颗粒粗大的泥料，而是有着特定含义的"粗"。比如，在"泥精"中加入砂料，形成与宜兴陶泥类似的泥料制作而成的壶和其他茶具，与宜兴紫砂茶具相仿，带有一种异曲同工之感。这就是所谓的"粗砂"风格。

还有一种"粗砂"更为"奔放"和"原始"。钟鸣陶艺工作室借鉴前人粗陶作品理念，制作出一种被称为"砂锅泥"的泥料。这种泥料经手工拉坯、雕塑造型、人工团捏等技法，制成茶具、家居饰品、人物和动物塑像等。看看这两只茶盅，颗粒粗大得有些惊人，似乎带有煤渣的气息（图5-1-13）。这种作品的风格与细陶风格迥异，看起来粗糙、原始，颗粒感特别明显，带有浓烈的乡村风味。或许正因为这一点自有其市场，受到了来自于大城市的部分市民喜爱。

第二节 荣昌窑产品的内在风格

荣昌陶器越来越受到世人喜爱，一个很重要的原因，还在于其产品的内在风格，主要有三个方面：结构致密、储物透气、使用生态。

"泥精"的颗粒细腻，有黏性，结构致密，因而其产品质量比较稳定。无论是红泥，还是白泥，经传统工艺练成后，只需要用手揉、捏、拍打，就可以直接用于手工拉坯。或者做成浆糊状的稀泥，只需要注入石膏模具中，就可以凝结成所需要的器型。尤其是手工拉坯器型，一经烧成，不但器物朴实、淡雅，而且经久耐用，从不渗漏。刘家拱桥一带出土的唐宋陶器，至今仍然不褪色、不松软，敲击时声音仍然清脆悦耳。这就是荣昌窑产品致密性的内在诠释。

荣昌窑产品另一个不得不说的内在特点是透气性。无论是素烧产品，还是施釉产品，都具有较好的透气性能。这一点，荣昌泡菜坛最有发言权。20 世纪 60 至 70 年代，荣昌泡菜坛大量出口，主要是作为包装容器使用，比如装豆瓣。如果不具有透气性，对食品要求极为严格的外国人，也不会轻易选用。泡菜坛是川渝地区最常见的家庭日用器皿，可谓家家必备。而荣昌泡菜坛一度连续三届长达 9 年荣获国家有关部委优质产品称号，实在是因为其无论从造型，还是实用性方面来说，都可以算是数一数二，名至实归。荣昌泡菜坛泡菜是"久泡不生花，无异味"，实在是没有办法让川渝地区的老乡们弃之不用。

图 5-2-1 吨缸（2015 年）

何为透气性？这一点不妨用荣昌陶坛、陶缸储酒来说明。荣昌生产的陶坛、陶缸（图 5-2-1）一般都是采用红泥烧结而成，器皿的内部和外部一般会涂上一层釉质，高达 1000℃以上的温度烧成。这些陶坛、陶缸在制作过程中，形成了许多大小不一的孔隙，正是由于这些孔隙具有网状结构和极大的表面积，使坛、缸具有氧化作用和吸附作用。酒液贮存于坛内，并非与空气完全隔绝，坛内会渗入微量空气，与酒液中的多种化学物质发生缓慢的氧化还原反应。正是坛、缸这一独特的"微氧"环境和容器内酒液的"呼吸"作用，促使酒在贮存过程中不断陈化老熟，越陈越香。换言之，陶缸特有的透气性及富含多种金属离子，使得新酒经过长期贮存，低沸点物质挥发、白酒中各种微量成分之间、乙醇和水分子之间的结合加快，香和味达到一种新的平衡，酒体更加醇和、绵柔。另外，用陶坛、陶缸贮存酒液，在贮存时也可将酒中含有的醛等氧化成酸，并吸附掉酒中的异杂味，使酒的口感更协合。基于这一点，用陶坛、陶缸贮存酒液，比用塑料桶、玻璃缸、不锈钢储酒罐等容器要好得多。塑料桶、玻璃缸、不锈钢容器等容器长期使用既不利于发酵、陈化和生香，更容易使这些容器自身的有毒物质分解到酒液中，进而对人体产生有害的负作用。

荣昌陶器产品的第三个内在风格是生态、环保。陶土本身的优质性是其产品生态、本真的基础。从贮存酒液、泡菜都可以看出，荣昌陶坛、缸、罐、瓶等，都适合于长期使用、保存，而不会产生对人体有害的负作用。无论是红泥还是白泥，传统制泥工艺是直接炼成，而不需要在任何一个环节，添加任何一种化工原料。绞泥茶具（图 5-2-2）就是采用原生态的泥料制作而成，虽然色泽并不光亮，但使用起来不但对人

图 5-2-2 绞泥茶具（2013 年）

体无害，而且因富含对人体有益的矿物质，因而颇受市场欢迎。现在有些地方在制作陶器过程中，尤其是在制作日常使用的各类壶、盅和容器时，经常要添加一些化工原料。仅此一点，就难以与荣昌陶器产品相提并论。曾经有人做过一个试验：秋季将盛有茶叶和茶水的荣昌陶壶盖上，放置在一边，7 天之后打开来看，壶内没有生花现象，也没有异味。这至少说明两个问题：一是壶具有较好的透气性；二是壶的生态性，没有容易导致食物和茶水变质的化工原料。

第三节 荣昌窑产品的绞泥风格

荣昌陶艺师傅们在继承传统的同时不断创新，结合荣昌陶土红、白二色的特征，完美地组合起来，在手工拉坯等造型工艺下，产生意想不到的绞泥效果，素烧绞泥作品似风、似水、似云、似宇宙万物，既抽象随意，又自然大气，深受陶艺爱好者的喜爱。

荣昌窑产品的绞泥特色基于红泥、白泥这个前提。为什么不同颜色的泥料能够融合在一起，共同成为一个作品？这主要是因为荣昌陶泥中的红泥、白泥在制作、晾晒和烧制过程中，收缩比例有一定的接近性。也就是说，当一种泥料为主体时，只要另一种泥料不是太多，或者说搭配比较恰当，就不会产生断裂、分裂、破裂现象。当然，这一点是有讲究的，并非每一个绞泥作品都能够成功，尤其是在烧制过程中，有时完全讲究搭配的艺术效果，就可能会因高温导致的收缩比例不同，而成为废品或残次品。

绞泥制作的第一步是和泥，即把白泥和红泥按一定比例来搭配，白泥和红泥比例的多少，组合方式不一样，花纹也不一样，烧出来的效果自然会不同。以这两只茶盅为例（图5-3-1），可以比较清楚地看到，由于红泥、白泥搭配比例和方法不同，其作品效果有很大区别。事实上，以人工拉坯手法制作而成的绞泥作品不可能产生两个完全相同的作品。有时，还会选择用粗细不同的白泥和红泥混合搭配，产生出形

图 5-3-1 绞泥茶盅（2015 年）

和色都比较特别的绞泥效果。当然，烧窑也很讲究，温度不一样，泥的色相也会产生变化。素烧的绞泥作品能够显示陶泥的机理绞样效果，有抽象的，有随性的，有写意的，有唯美的，有写实的，风格多样；产生各种花纹，似云、似水、似森林、似宇宙万物（图 5-3-2）。因此有人说，绞泥作品永远不会有完全相同的第二个器物，这是有道理的。

最常见的绞泥制作方法是手拉坯造型。这种方法制作过程中具有相当的随意性和个人主观性，而且制作结果并非一定会跟主观上的想法一致，有可能制成的器物比自己头脑中的更抽象，也可能更具体，当然也可能没有达到一定的效果。这与红泥、白泥的比例搭配、制作过程中的手法，都有直接的关系。由马高骧教授几十年前研制、设计的"美丽的太空"绞泥瓶（图 5-3-3），绞泥效果具有一定的代表性。该作品以荣昌特有的红白两种坯泥，采用传统绞泥手法拉坯而成，通过绞泥这一特殊手法表现出太空的绚丽景色。这件作品能让人们在凝视之中，进入科幻般的美妙遐想，给人以美的享受。1986 年，这件作品获首届中国陶瓷设计创作优秀奖。有的作品（图 5-3-4）绞泥效果则另有风情，呈现出如风、如云，如风云变幻，又如天河涌流的情景。

图 5-3-4 风云变幻（2015 年）

图 5-3-2 绞泥茶叶罐（2015 年）　图 5-3-3 美丽的太空（20 世纪 80 年代）

校……特别是对荣昌的陶器，他们派出的工作组与陶器艺人合作，进行了较有系统的创作设计辅导，使这些工艺美术品在原有的基础上，得到了提高和发展。美术家与手工艺人的紧密合作，美术家对工艺美术品制作上的指导，对提高工艺美术作品有重大的意义。

彭长登（四川省文化局顾问、省图书馆馆长）：一种工艺美术品，如果没有独特的地方特点，就等于失去了它的灵魂。譬如我们四川的陶器，就不能做成与江苏宜兴的陶器一样……如荣昌的陶器做成与宜兴的陶器一样，那就不对。

陈子庄（现代著名画家，四川省文史馆研究员）：荣昌陶器有些式样上采用荷叶边子不好看，形式和色彩都应具有民族风格。因荷叶边子是西洋式，50 年以前的艺术作品，不宜采用这种奇怪现象。而应在形式上简化美观耐用，多找些艺术家和具有陶器经验的人互相交流经验才会提高。

梅建鹰（中央工艺美术学院陶瓷系主任）：美国印第安人的红陶、彩陶和磨光黑陶，与我们的技法一样，但其纹饰不同，有其特别之处。我已收集了很多，有些彩色的拍成幻灯片。我看荣昌的陶器，从材料到技法与印第安的差不多。现将复印图案样品借你一阅，以后有机会，我希望往荣昌一行（以上这些内容摘自梅建鹰在美国留学期间，写给荣昌陶器厂杨剑夫的信件。作者注）。

乌拉·里斯莱鲁德（挪威国家艺术学院陶艺系主任）：我觉得荣昌的传统就是茶壶茶具（图 5-4-2），我的建议就是对茶壶茶具进行创新。在欧洲越来越多人喜欢喝茶，那么怎么对茶具方面进行创新呢？我认为这是荣昌需要思考的一个问题，也是一个很好的发展方面。

苏庄（成都市民）：荣昌陶器的样式、图案富有民族风格，且都是家常日用器具和栽花用具（图5-4-3），为了满足日益增长的人民群众物质与文化生活要求，理应大批制造，在坛罐铺子大量供应，不然则失去现实意义与作用。

李铁锤（《巴蜀古陶瓷文集》作者）：在新中国建设与发展所需外汇奇缺的岁月，荣昌安富镇陶器踏上出口创汇的征途，大量出口到欧洲、美洲、非洲、拉丁美洲、东亚、东南亚等30多个国家和地区，为国家贡献了自己的力量，没有辜负国家对三大陶都之一所寄托的愿望。

唐英（四川美术学院陶瓷艺术教研室主任，中国陶瓷艺术大师）：荣昌陶器独具地方特色的制作工艺和艺术风格（图5-4-4），使之享有"红如枣，薄如纸，声如磬，亮如镜"的美誉，为中国陶瓷史和中国工艺美术史增添了不可缺少的一页。

图 5-4-3 荣昌陶花钵（2016年）

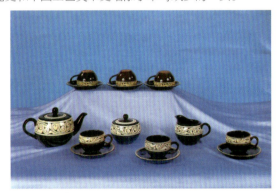

图 5-4-2 荣昌陶茶具（20世纪60~70年代）

图 5-4-4 荣昌陶瓶（20世纪60~70年代）

邱春林（中国艺术研究院工艺美术研究所所长）：荣昌陶是中国四大名陶，有丰厚的历史积淀，它的制作技艺也比较独特，所以放到国家层面来作为非物质文化遗产保护……荣昌陶的文化是相当丰富的，是我国文化多样性中不可缺少的一环。

曹春生（景德镇陶瓷学院美术雕塑教研室主任）：荣昌陶土适宜陶塑产业发展。一是荣昌陶土的品质主要体现为与人有亲和感，材质稳重大气，可塑性强。二是荣昌陶土是天然飘材质，其扩张力最适宜雕塑造型的表现。

徐永昶（台湾地区苗栗县陶艺协会理事长）：陶瓷产品要艺术化、科技化、设计化……安富酒缸（图5-4-5）是全中国最优良的，体积最大，价格适中，可以做中型储存酒瓮，装酒约30~50升，但要加上精美的设计，可直接卖给消费者，以增加商品价值。

荣昌陶器荣获重庆市"巴渝十二品"称号，在2011年12

图5-4-5 制作大酒缸（2012年）

月 30 日举行的颁奖典礼上，重庆市品牌学会秘书长张锐说：
重庆，非去不可；去了重庆，巴渝十二品非买不可。

　　荣昌陶器荣获"重庆新名片十强"称号，在 2014 年 12
月 21 日举行的颁奖典礼上，《重庆商报》和腾讯大渝网联合
发布评选结果，并祝贺荣昌陶凭借其独特的人文艺术价值成
功入选。

　　2015 年 9 月，国家工商总局商标局发布公告，"荣昌陶器"
成功申请地理标志证明商标。

第六章

荣昌窑的价值取向

岁月留痕，荣昌陶兴。

荣昌窑的发展，与历史进步、政治清明、社会礼让密不可分。荣昌窑的几次兴衰，比较真实地观照着历史社会的发展状况。两汉时期，尤其是西汉中后期到东汉末期，政治经济发展相对稳定，其中的王朝繁盛、休养生息，为荣昌窑兴起和发展营造了良好的社会环境。而在唐宋时期，这个中国封建社会发展的又一个鼎盛阶段，陶业兴旺发达是再自然不过的事情。而清初的"湖广填四川"，既填补了荣昌窑发展历程中的中断空白，又推进了荣昌窑在制陶技艺上的提升。所以，历史造就荣昌窑，历史成就荣昌窑。今天，荣昌窑在历史的天幕下，正在散发着耀眼的光芒。

第一节 自然文化意识的守护

陶是伴随人类活动而逐渐产生的。在政治清明、社会稳定的时代，陶业发展就可能出现兴盛景象。清代名臣张之洞说："生齿繁，百物贵。"意即在人口众多的时代，物价通常会比较昂贵。这一思想，与"乱世藏粮，盛世收藏"的观点有异曲同工之妙。从文化传承和保护的角度，荣昌窑自产生以来，就一直注重自然文化的守护，无论是政府，还是企业，抑或个人，都对文化守护给予了自觉的高度重视。

一、与生俱来的保护意识

陶土资源是不可再生的。自古及今，荣昌人十分重视陶土资源的保护。冷兵器时代，陶土资源自然不会外运，即便民国时期，成渝公路已经修建成功，国民政府软弱无力，也没有人把这些优质的陶土资源当成廉价的产品外销。1949 年以后，地方政府对陶土资源保护给予了高度重视，几十年来，只对一家企业发过陶土矿开采证。本世纪初期，由于这家企业没有坚持年审，而导致证书失效。直到 2015 年，荣昌陶都文化创意产业开发公司以国有企业的身份，取得了 4 个点位陶土矿开采权，总面积 1.782 平方千米。这是近年来荣昌首次对陶瓷土开采权进行公开招标拍卖，其目的也是为了强化陶土资源保护。

二、陶土资源的合理开发

再多的陶土储量，也是有限的资源。荣昌的优质陶土矿虽然总量达 1.1 亿吨，但如果取不停，自然用尽有时。目前，荣昌区委、区政府有关部门对于陶土资源的保护与开发利用总体上是有序的。一方面，没有资源开采权，就无法进行合理合法的开采，目前在荣昌也看不到陶土开采矿场。即使陶都文化创意开发公司取得了开采权，也严格限制开采的具体地点和范围。另一方面，对盗采盗卖行为进行坚决打击。全区形成了一个监督检查网络和应急保障系统，一旦发现哪里有私自盗采现象，立即就会有执法人员赶往现场阻止。近年来，已经取缔、制止 100 多起盗采盗卖现象。

三、保护艺人的先知先觉

老艺人是宝贵的财富。荣昌窑在传承发展中，从来没有放弃过对传统艺人、老艺人的尊重与保护。1976 年，荣昌陶器厂在上级部门的关心支持下，实施老艺人带子女进厂随父学艺工程。按照"艺术冒尖，群众公认，党委审定"和"解决少数，带动全面"的原则，经过全厂职工讨论，从 156 名老工人中确定了 14 名老艺人：杨学礼、钟华章、钟华富、周俊国、周吉海、何天云、肖慈金、罗运康、刘孝全、丁荣和、郭夕思、杨明春、丁富贵、肖慈光。这些老艺人从泥山到制坯直到烧成的各道工序都是全面能手，他们所生产的工艺品有独特风格，而且能看图拉坯不走样。其中，杨学礼曾被四川美院请去讲课，钟华章曾出席国家专业会议并受过表彰奖励，钟华富曾出席省专业会议并受过表彰奖励，刘孝全、丁荣和、郭夕思、丁富贵等人多次被评为厂先进工作者。他们带子女学艺，为荣昌陶艺传承发展奠定了坚实的基础。今天，

图 6-1-2 老寿星（20 世纪 70 年代）

图 6-1-3 荣昌陶包装盒（2013 年）

图 6-1-4 荣昌陶包装盒（2013 年）

荣昌陶业中的一些骨干和精英，就是当时老艺人们的子女或徒弟。

四、荣昌陶器的地域表达

这里有两个层面的意思。一方面，荣昌窑的传统产品带有鲜明的地域特色，很容易被人识别出来。比如，素烧产品总体上看，带有一种与生俱来的淡雅、朴实、轻灵（图 6-1-1）；上釉的产品光亮、纯洁，高雅中带有真诚与朴厚（图 6-1-2）。与荣昌陶器相处既久，如同"熟读唐诗三百首，不会作诗也会吟"，自然就会轻易地识别出来。另一方面，荣昌陶器俗称"安陶"，均带有明显的地域性符号表达。各种包装盒上也注明了"荣昌陶"或"安陶"（图 6-1-3），有的还标注"中国陶都""中国非物质文化遗产"（图 6-1-4）等字样，这也是对荣昌窑产品的地域性标注。这些表达方式，都在指向一个目标：缔造荣昌窑，诠释荣昌窑的文化内涵，打造属于荣昌自己的陶文化品牌。

图 6-1-1 "古代美女"瓶（2013 年）

五、传统工艺的现代渴求

时代的发展，必然引领传统工艺技术向前，而不能只是停留于过去。荣昌窑产品在现代文明的冲击下，已经走上了创新发展之路。曾经，细陶代替粗陶，并成为荣昌窑的代名词，这是一种发展。细陶产品的工艺技术日益提升，包括施釉工艺在内的创新与发展，这是一种现代人精神领域渴求的外化。绞泥工艺的兴起、发展和创新，表达出现代人渴求空间的扩大和延伸。传统的荣昌陶壶和其他茶具（图 6-1-5）在注重实用性和工艺性的同时，精细化程度不够，与发达地区有着较大的差距，因此荣昌人痛定思痛，引进外来手工艺人，实施人才战略，这是一种现代渴求的定向表达。如今，这种表达已经产生了一定的经济效益和社会效益。可以说，这是一种成功的表达。

图 6-1-5 荣昌陶茶具和酒具（20 世纪 60~70 年代）

六、手工文化的主题回归

无论时代如何发展，传统文化和传统技艺仍然受到人们的重视，仍然被人们追逐着。荣昌窑传统意义上注重手工成型，不光是拉坯，也包括雕塑、剔花、刻花、耙花、施釉、烧窑等，主要是靠人工来完成，靠精湛的技艺来完成（图6-1-6）。今天，现代工业和电子技术的发展，已经可以不需要手工就能制造出非常精美的产品。但是，在荣昌窑的技术框架里，手工仍然占据着主导地位。这种手工造物的主题回归，实际上是现代人返璞归真的精神诉求。

图 6-1-6 荣昌陶罐（20 世纪 60 年代）

第二节　人文价值取向的张扬

荣昌，繁荣昌盛之意。安富，安宁富裕之境。荣昌区和安富古镇，寄寓着人们对于美好生活的无限向往和不懈追求。荣昌陶业的发展，也正是朝着这个方向和目标，沿着一条目标明确、路径崎岖的道路，坚定不移地走下去。从 20 世纪 30 至 40 年代的抗战力量彰显，到 60 至 70 年代大量出口，一直到 21 世纪初期的强势崛起，都在表达着一种昂扬向上的力量和声音。

一、原乡文化意识的觉醒

乡，是基于山水乡村概念、具有浓郁古朴韵味、似乎无限怀旧的一种情结和符号。"原乡"，是人们生存于世、依恋尘世的精神归所，是人们的精神家园，能够唤起人们的依恋感和回归感。在这个功利思想日益严重的时代，荣昌陶器并不刻意追逐高价位和高利润，这本身就是一种"原乡"意识。那些曾经流落在外的手工艺人逐渐回到家乡，重新开始创业就业，这也是一种对"原乡"的理解和追求。唯有在自己的家乡，在自己的土地，利用自己的技术，创造出来的优秀作品，才是最值得骄傲的事情。这是回归荣昌和安富的制陶艺人共同的认识。罗天锡、向新华、刘吉芬等老艺人如此，肖祥洪、林诚忠等中青年陶艺师也是如此，就连宜兴、景德镇、醴陵的知名陶艺师，也眷恋着荣昌和安富的山高水长。

二、生态环保意识的凸显

鸦屿山上的松树和青岗树，甚至马儿斯草和蕨草，都有很高的油脂含量。这与当地的土质有关，因为富含有大量的矿物质元素。用这些富含油脂的木柴烧制陶器，陶坯在窑炉里慢慢地接受油熏，待到出窑时产品自然油润亮泽，充满了流动性和感染力，因而广受人们欢迎。因为鸦屿山上的陶土质量好，不含对人体有害的矿物质，而且当地人也没有添加对人体有害的矿物质，所以这种陶产品日益受到人们喜爱。曾有专门机构专门购买荣昌陶器进行质量检测，结果显示荣昌陶器完全符合国家有关标准，不含有毒化工原料。与此同时，柴窑烧制的窑炉开始重新发展起来。安富政府投资兴建了一座"馒头式"柴窑，鸦屿陶瓷公司自筹资金修建了一座阶梯柴窑。这两座柴窑烧出来的产品，在保持传统荣昌陶器一些

图 6-2-2 紫钧釉龙柄壶（20 世纪 60 年代）

特有元素之外，已经发生了较大的变化，其中很多优秀的"窑变"产品倍受人们喜爱，即使花高价钱，也有人愿意收藏。比如，移屿陶瓷公司烧制的陶壶《垭山窑宝》（图 6-2-1），"窑变"效果很好，具有一定的代表性。

图 6-2-1 "垭山窑宝"（2017 年）

三、接纳、引进人才的胸怀

20 世纪 50 年代开始，西南美术专科学校（现四川美术学院）的师生就经常来荣昌，研制、设计、开发、创作、生产陶器。梁启煜、罗明遥、程尚俊、毛超群、马高骧等在荣昌创作了大量优秀作品，将荣昌陶发展推上一个新的台阶。马高骧创作的《紫钧釉龙柄壶》（图 6-2-2），曾获全国陶瓷艺术设计三等奖。与此同时，荣昌原有的老艺人甘当"幕后英雄"，或者从制陶的角度来讲是"操盘手"——有文化、有理论的师生们设计出图纸后，由老艺人们"按图索骥"进行试制，获得领导肯定或市场认可后再进行批量生产。而这些作品、产品的"军功章"里并没有这些老艺人的名字。20 世纪 60 年代起，一批高等院校的毕业生先后投身于荣昌陶发展，如中央工艺美术学院的朱红林、叶思琼，四川美术学院的刘大华、成都艺专的司徒铸等。他们在较长的时期里，引领着荣昌陶健康发展，创造了一个又一个新的业绩。

四、巴渝山水文化的融合

一种文化产品要走出去，有两个问题需要考虑。一是应与当地的特色民俗、典型风物、代表性景致等相融合；二是应放到更大的层面上去立足和发展。在荣昌窑产品在传统的发展领域里，十分注重民俗文化的融入，但"走出去"的眼界不够开阔。如今，这个局面正在日益改变。这与时代发展、信息无限扩张有着巨大的关系，同时更是荣昌陶艺人在与外界沟通、交流中探索出的一条新路。礼贤阁陶艺工作室的陶壶，有了《华岩八景》（图 6-2-3）；华荣陶瓷公司的花瓶，有了《万灵古镇》（图 6-2-4）和《填川文化》；鸦屿工作室的陶罐，有了《重庆吊脚楼》（图 6-2-5）和《荣昌八景》。这些文化元素的融入，加快了荣昌陶器产品走向更多市民家庭的步伐。

图 6-2-3 华岩八景壶（2014 年）

图 6-2-4 万灵古镇刻花瓶（2013 年）　图 6-2-5 重庆吊脚楼刻花瓶（2015 年）

五、文化创意产业的发展

荣昌窑产品本身只是一种商品，但因为具备了文化艺术的价值，因而成为了作品，进而成为收藏品、鉴赏品，其价值自然大大增加，甚至有远非商品所能想象的价值空间。这就是文化的魅力。自2013年开始，荣昌区开始在安富街道建设以陶为主题的文化创意产业园（图6-2-6），其目的就是进一步发展陶文化产业，形成集信息、科技、创新、文化、艺术、产业等于一体的集约型基地，进而带动荣昌陶产业持续、健康发展。目前，该园建设已经取得初步成效，包括荣昌陶博物馆、陶艺大师园、青少年实训中心等一批基础项目完工，构成了园区的雏形。同时，一批项目正在推进之中，还有一些项目正在营运之中，包括国家级青少年示范性综合实践基地、安陶小镇、鸦屿水街、下兴古窑国际陶艺度假村等重点项目已经上马。荣昌陶文化创意产业园的建设和发展，必将推进荣昌窑在当前和将来的进一步发展。或许，在不久的将来，荣昌窑曾经的梦想将会变为现实，而其带来的巨大经济、社会、文化效益，一定是难以估量的。

图6-2-6 荣昌陶文化创意产业园挂牌仪式（2012年）

六、现代工业文明的渗透

荣昌窑的产品，主要分为工业化生产的日用陶，以及手工或传统模式下生产的工艺美术陶和日用陶、家装陶。二者并不相互排斥，又相互关联。工业化生产有利于为工艺美术陶发展积累原始资金，工艺美术陶发展能够提升工业陶的档次和知名度。荣昌窑在历史长河的发展中，一直注重这两个方面的互动与互补，这一点弥足珍贵。当前，这一点仍然在发挥着重要的作用。一方面，酒瓶厂的发展（图6-2-7），帮助企业老板将资金投向工艺美术陶生产，建起了鸦屿、华荣等陶艺工作室。另一方面，这些陶艺工作室的艺术成果应用于酒瓶生产线，提高了酒瓶的文化附加值和市场美誉度（图6-2-8）。因此，荣昌窑人文艺术价值和文化附加值，正日益渗透进现代工业文明的肌体之中，而现代工业文明也对于这种渗透与融入，充满了渴望和感激。

图6-2-7 荣昌陶酒瓶贴花车间
（2013年）

图6-2-8 荣昌陶酒瓶墙（2013年）

七、清廉文化因子的诠释

爱陶、惜陶，这是对美好事物的理性追求；贪陶、恋陶，却如洪水猛兽般常能吞噬人。经常观陶、品陶、悟陶，可以让我们的心灵得以净化，灵魂得以安宁。这是对荣昌陶器的一种辩证思考。这种思考，放在人文价值的大环境中，便是对荣昌陶器文化艺术价值的另一种诠释。事实上，我们将荣昌陶器生产的全过程简单地展示出来，里面确乎有着清廉文化的无数因子：制陶之始，需有善心、善念；手工拉坯，要有既定的"方圆"和"规则"，始终坚持"正"的理念；雕刻和塑型，观照着制陶者的精神境界，更加真实地反映着真善美；陶坯做成，还需要经得起磨炼和锻烧，才可以成为优质的陶品……因此，抛弃物质的枷锁，追求灵魂的自由，方能更好地守望自由和幸福的生活。

第三节 文化传承复兴的期待

文化，是民族的血脉，是一个地区乃至一个国家、民族的精神家园。拥有传承久远、底蕴厚重的文化，就拥有了生生不息、恒久不灭的发展动力。伟大的中华民族、辛劳的世代先民在岁月的长河中，创造了光彩夺目、闪耀寰宇、丰富多彩的文化，使今天的我们依然能够傲然屹立于世界民族之林。荣昌窑和荣昌陶器，正是中华民族文化大家庭中的一员，是灿烂悠久的中华陶瓷文化的重要组成部分。荣昌窑文化的传承、复兴，不仅对于当地有着重要而深远的影响，而且对于中华文化的繁荣和发展也有着积极的意义。

一、工艺人才的培养与引进

人才是第一生产力，人才是产业发展、文化复兴的关键。

近年来，荣昌区和安富街道对于人才培养和引进，做了大量而卓有成效的工作。一是引导传统手工艺人重返家乡，重操旧业，重新投入制陶大军之中，并且成为骨干和精英，这方面至少有将近 20 人。二是注重自身人才的培育、培养。通过师带徒、组织办班、给予补贴等方式，引导企业和老艺人收徒、授徒，从而很快就培养出了一批中青年制陶艺人。目前，全区有"荣昌陶艺"的代表性传承人 67 人，其中市级 6 人、区级 61 人；有重庆市级工艺美术大师 7 人，有区级工艺美术师、民间工艺师 103 人。这个队伍在不久的将来，还会进一步扩大。三是十分注重引进外地人才前来入驻和落户，包括江苏宜兴、湖南醴陵、云南建水、广西钦州等地，都有大师、工艺师、专家落户荣昌陶艺大师园。这方面的人才目前总计有 20 多人。四是直接从高等院校引进人才，已经有江西景德镇陶瓷学院、四川美术学院、内江师范学院等高校的 10 余名毕业生前来创业就业，或进入荣昌陶文化创意产业园管委会工作。

图 6-3-1 "人才兴陶"文件（2014年）

二、人才兴陶的策划与战略

荣昌区和安富街道更重视的是，把人才兴陶纳入党委、政府的重要工作内容，形成人才兴陶的战略格局。经过精心的准备，2014 年 9 月，荣昌县（2015 年 6 月荣昌县改设为荣昌区）印发了"人才兴陶十一条"（图 6-3-1）。这是荣昌唯一一次就某一项产业发展单独出政策。"十一条"的主要内容是：支持陶瓷企业招才引智、支持多维培养引进人才、支持陶瓷人才创新创业、支持陶瓷人才学习深造、支持人才团队参赛参展、支持陶艺大师带徒传艺、支持人才参与职称评定、支持高校毕业生创业就业、支持学校培育陶艺人才、保障陶瓷人才激励经费等等。"十一条"明确，每年从人才发展专项资金中设立陶瓷人才发展专项资金科目，将各项优惠政策、人才培养、激励等方面的支出，列入人才发展专项资金的陶瓷专项资金科目。

三、传统技艺的传承与多元

荣昌窑的很多传统制作技艺，是千百年来形成的，无论什么时代都具有其独特性，都应该传承和发展下去。但是，现代社会的流动、互动、交流日益增多，很多更为优秀的制陶方式方法自觉不自觉地进来了，我们该怎么办？这就是多元化的问题。比如，宜兴制壶技艺就比荣昌传统制壶技艺先进，其作品、产品的精细化程度更高，造型更耐看，出水更流畅，这就值得学习和借鉴。外地的一些雕塑技艺，比荣昌窑的要先进和完备，传统的荣昌陶器制作技艺中，虽然雕、剔、刻、画技法丰富多样，但制作雕塑作品是一个"短板"，因此学习借鉴别人的先进经验和技术，就能更好地弥补自身的不足。这个问题正在逐步地加以解决，一些传统老艺人心中的"疙瘩"也正在解开。

四、现代工艺的碰撞与发展

由于时代限制，荣昌窑传统制陶工艺中，难免存在一些不足之处，或者说是落后之处。而在现代社会，这种不足、落后，就必然需要理性地对待，该扬弃的要扬弃，该改进的要改进。比如，荣昌制陶"辘轳"的发展，就是一个很明显的例子。先是用木棍搅动地辘轳，使之旋转后再拉坯；后来，艺人们发明了电辘轳，就大大地节约了人工成本，既省时省力，又提高了工作效率；再后来，人们又改进体积庞大、搬动不便的大辘轳，采用小型拉坯机，从而使制陶更加方便快捷，又节约电力（图6-3-2）。这是一个大家都接受的事实。荣昌窑在发展中，还需要接受的现代工艺很多，比如滚压，如果我们迟迟不能引进和组织实施，实际上是等于让自己的发展步伐迟滞了。荣昌窑目前还无法规模化生产餐具，连像样的餐具生产线都没有，这不能不说是一种遗憾。

五、与时俱进的创新与迷失

创新是人类发展不竭的动力。荣昌窑的发展，从来都离不开创新。20世纪70至80年代，荣昌窑的决策者、管理者、实施者，因为创新精神的缺失而丧失了荣昌陶器持续发展的动力源泉，因而到了80年代末90年代初，就开始走上了1949年以来的第一次衰败之路。这次衰败，教训是深刻的。近几年来，与时俱进的精神融入到陶产业发展之中，因而整个产业呈现出欣欣向荣之势，虽然因为市场原因产业发展在波动，但总体上是呈良性形势。不过，创新的力量或许来得过于猛烈，在人们还没有来得及准备好的时候，突然就使人产生了迷茫之感。比如，当前茶具成为了主打产品（图6-3-3），其次才是装饰陶（图6-3-4），以及更多的带有工艺美

图6-3-2 小型拉坯机制陶（2012年）

图6-3-4 刻花绞泥大花瓶（2015年）

图6-3-3 荣昌陶茶具（2014年）

术特性的日用陶（图 6-3-5）或旅游纪念品（图 6-3-6）等，
这种产品格局能否长久维持，比较坚挺的价格市场又能坚持
多久，中高档酒瓶缺少市场的局面需要什么时候才能够"见底"

图 6-3-5 刻花泡菜坛（2013 年）

图 6-3-6 荣昌陶展厅（2015 年）

等等，这些问题的提出与解决，似乎同样是一个创新与迷失的问题。

图 6-3-7 螳螂对垒（2011 年）

六、文化品牌的培育与放任

从大力宣传中国四大名陶、中国三大陶都，到成功申报国家级非物质文化遗产项目，再到成功申报重庆市"巴渝十二品""重庆新名片十强"，以及获得"荣昌陶器"国家地理标志证明商标，都是荣昌人在精心打造着自己的文化品牌。这种政府主导的品牌培育，从一开始就有着先天的动力和支撑点。但是，政府又不能"包打天下"，政府这只手与市场这只手紧密地结合起来，才可能将品牌的效应做大做强。今天，荣昌陶器生产企业都在主打"荣昌陶器"这个品牌（图6-3-7），可以说是将这个文化品牌放任于市场，接受市场的洗礼与挑剔。相信，荣昌陶器这一有形也是无形的文化品牌（图6-3-8），会逐渐成为渝西川东地区，以至于重庆市，或者说更大区域内一块不可复制的文化名片。

图 6-3-8 荣昌泡菜坛组合（2015 年）

七、创意产业的兴起与期待

总体上看，荣昌陶文化创意产业园已经初步建成，文化创意产业已经起步。按照荣昌区邀请国内顶尖策划公司制作

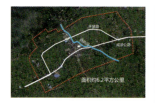

图 6-3-10 荣昌陶文化创意产业园规划图

的荣昌陶文化创意产业园策划方案（图 6-3-9），这个园区规划占地面积为 6.2 平方千米，其战略理念是：文化新名片、孵化新平台、体验新天地；其战略定位为：中国创想陶都，醉美田园荣昌；最终，是要寻找到荣昌陶发展的"安富模式"，打造成为代言重庆的千年文化名片、城镇可持续发展的产业引擎，以及产城融合、产融对接、人地协同的创新创业高地。这个园区将有五大功能区（图 6-3-10）：陶艺创意集聚区、产业创新孵化区、生态农业体验区、文化旅游休闲区、低碳生活示范区。在这个功能区划分理念的指导下，将实施陶驿坊、鸦屿水街、陶梦谷、安陶众创空间、重庆农业公园等五大重点项目。预计从 2015 年开始到 2024 年，这个园区将用 10 年时间，投入 28 亿元，实现回报 48 亿元，并带动安富 GDP 增加值实现 49 亿元，创造 1.5 万个就业岗位。

　　如此看来，荣昌陶文化创意产业园建设，是一件值得期待的事情！

五大重点项目
1 陶驿坊
2 鸦屿水街
3 陶梦谷
4 安陶众创空间
5 重庆农业公园

图 6-3-9 荣昌陶文化创意产业园鸟瞰图

［1］陈丽琼，董小陈 . 三峡与中国瓷器 [M]. 重庆：重庆出版集团，重庆出版社，
　　2010.

［2］中国硅酸盐学会 . 中国陶瓷史 [M]. 北京：文物出版社，1982.

［3］重庆市文物考古所 . 重庆涂山窑 [M]. 北京：科学出版社，2006.

［4］荣昌区文化创意产业园管委会，荣昌区文化委员会 . 荣昌陶器 [C]. 重庆：重庆
　　出版集团，重庆出版社，2015.

［5］中共重庆市荣昌区安富街道工委 . 陶廉 [M]. 青岛：青岛出版社，2015.

［6］潘英，杨品明 . 荣昌地情资料丛书——人文荟萃海棠香 [C]. 荣昌：荣昌县县志
　　编修委员会办公室，2011.

［7］马行云 . 中国四大名陶 [M]. 昆明：云南出版集团，云南美术出版社，2014.

［8］李铁锤 . 巴蜀古陶瓷文集 [M]. 成都：四川出版集团，四川美术出版社，2013.

参 考 文 献

后　记

本书在撰写过程中，得到了重庆市荣昌区有关领导的高度重视，得到了区属有关部门、荣昌陶文化创意产业园管委会和安富街道党工委、办事处的关心、支持，还得到了荣昌陶行业许多老艺人、广大陶艺工作者和爱好者的无私支持、帮助。在此，谨向这些单位和个人，以及其他关心、支持荣昌陶文化艺术传承、发展的各界人士致以诚挚的谢意。这里特别要表示衷心感谢的有：司徒铸、刘大华、朱红林、梁先才等老一辈陶艺家，以及刘守琪、兰杨花、赖长荣、罗成先、雷张华、林洪燊、唐小芳、罗天惠等陶艺工作者、爱好者。

荣昌窑历经两千余年的发展，几经起落，几次兴衰，在今天这个太平盛世里，迎来了又一个发展的黄金时期，正朝着新的征途迈进。我完全有理由相信，在文化大发展大繁荣的时代主题感召下，必将创造新的辉煌。荣昌窑和荣昌陶器，一定会发展成为重庆和中国西南地区一块不可复制的特色文化名片，并坚定地迈向全球经济、文化大舞台。

由于本人水平有限，经验不足，尤其是对陶艺认识的深度和广度不够，书中缺点甚至错误在所难免。敬请各位领导、专家和广大读者予以批评、指正。

薛小军

薛小军个人简历

薛小军，男，汉族，生于1970年11月，籍贯重庆涪陵，毕业于四川省涪陵师范高等专科学校（现重庆长江师范学院）中文系，现在重庆市荣昌区谋业。热爱文学，偏好写作，当过船员，任过会计，从事过纪检工作。曾在新闻宣传战线工作多年，迄今已在各级各类报刊、新闻媒体发表小文总计200余万字。其中，有40多篇获市、县级以上奖励，有近100篇短篇小说、散文、评论被《青年作家》《重庆晚报》等报刊选用。近年来，积极关注和挖掘荣昌陶历史文化内涵，撰有廉文化读本《陶·廉》、地方特色志《荣昌陶器志》，主编有《荣昌陶》画册、《荣昌陶器》论文集等。曾获重庆市十佳基层宣传文化工作者称号。

作者简介